好干部的民生课

李松 著

新 华 出 版 社

图书在版编目（CIP）数据

好干部的民生课 / 李松著. —北京：新华出版社，2020.7（2025.2重印）

ISBN 978-7-5166-5265-7

Ⅰ. ①好… Ⅱ. ①李… Ⅲ. ①社会保障—中国—干部教育—学习参考资料 Ⅳ. ①D632.1

中国版本图书馆CIP数据核字（2020）第138534号

好干部的民生课

作　　者：李　松

责任编辑：刘宏森　唐波勇　　**封面设计：**李尘工作室

出版发行：新华出版社
地　　址：北京市石景山区京原路 8 号　　**邮　　编：**100040
网　　址：http：//www.xinhuapub.com
经　　销：新华书店
新华出版社天猫旗舰店、京东旗舰店及各大网店
购书热线：010-63077122　　**中国新闻书店购书热线：**010-63072012

照　　排：李尘工作室
印　　刷：大厂回族自治县众邦印务有限公司
成品尺寸：170mm × 240mm
印　　张：20.5　　**字　　数：**304千字
版　　次：2020年8月第一版　　**印　　次：**2025年2月第二次印刷
书　　号：ISBN 978-7-5166-5265-7
定　　价：39.80元

序言

生存照顾的意义

当我认真地读完新华社资深记者李松的《好干部的民生课》一书时，毫无意外地又一次被震撼，却又与以往稍有不同。

相交多年，我印象中的李松是一位勇敢、理性的批评者和建构者，他以平均每年出版一本书的超高频率不断强化这一铁汉形象，从《中国隐性权力调查》（华夏出版社，2011年）到《风雷动》（新华出版社，2018年）无不如此。然而，这本书却展现出他非常柔情的一面，他以一种更加细腻、感性且饱含温度的方式来感知我们保障民生中的诸多琐事，其中他已是感受者、思考者和关怀者。事务更入微、笔触更柔软、情感却更炽热，就像一颗子弹击中了读者内心最柔软的部分。

作者以152篇评论带我细细品味了民生问题的包罗万象与百味杂陈。其中，既有社会保障、劳动就业、安全生产、医疗服务、奇葩证明、生活垃圾处理、养犬规范等长期存在有待根源治理的民生问题，又有网络直播、大数据凌霸、校长陪餐、物业进村、深夜食堂等新时代产生亟待重视解决的民生问题。每篇评论都是芸芸众生的长吁短叹、辗转呻吟或者苦愁哀乐，实乃为生民请命之作。此时，我才恍然，李松之所以长期以来保持批评笔锋之锐利，恰恰是因为他对百姓大爱之深沉。因为，他早已将炽热的胸膛紧贴这片深情的土地，去聆听并感受这片土地上所有生命的脉搏与呼吸。

难能可贵的是，作者并没有简单地站在生民立场与治理者去“对峙”。而是常常在“生民”与“治理者”之间进行角色转换，通过这种换位思考的方式来分析种种民生问题的根本原因，并且寻求其中治理之道。正因为如此，他的许多评论的论证方式和观点表达呈现出一种二元互动的显著特征。比如，《政府过紧日子更要做好民生加法》一文展现了政府财政做减法与民生保障做加法的二元互动，生动诠释了紧日子和好日子之间的辩证法。《“就业优先”夯实民生之基》一文分析了百姓“有人没活干”和企业“有活没人干”的内在关联，大体勾勒出此类双重“痛点”之间的草蛇灰线。《谨防不见面审批将群众拒之门外》一文则批评了审批部门片面追求“不见面率”与群众“个性化需求”之间的深层矛盾，强力纠正形式主义的工作思维。《读懂“反向春运”的深层意味》一文则描绘了城市化进程中乡土文化与城市文化的互相作用，深入思考城镇化过程中的身份认同的回归与异化。可以说，正是这种“二元互动”，使得作者的观点兼具双方共识，其解决思路因而也具有可接受性。

虽非严格意义的法律人，作者的这种思考却具有超乎寻常的法治意义。在20世纪40年代，西方国家进入福利国家之初，其公法学者就提出了“生存照顾”理论，逐步打破传统的特别权力关系理论，赋予百姓一种更加崇高的法律地位。依据该理论，解决和保障民生，照顾百姓基本生存是现代国家和政府的基本义务，不容放弃、不容转移、不容节减，也不容限制。这种“权利—义务”视角，使得作者的很多观点都回归到法治思维上来，且为其治理之策提供了法理正当性。《监察“全覆盖”管的是公权力》《让那些“土政策”入“土”吧》《“无人经济”不能法外裸奔》《“网约工”劳动权益不容漠视》等文章皆是如此。

党的十九届四中全会指出，要把尊重民意、汇集民智、凝聚民力、改善民生贯穿党治国理政全部工作之中。《好干部的民生课》这本书，既“处江湖之远”来察民意、集民智，又“居庙堂之高”来聚民力、促民生，将百姓之生老病死与干部之治国理政相贯通，使得促民生与增民心相促进，是所有党员干部应当好好研读的佳作。在这种意义上我们可以预见，作者的这些观点如涓涓细流，汇聚成河，将激荡澎湃中国治理体系和治理能力现代化的历史进程。

是为序。

韩春晖

中共中央党校（国家行政学院）教授

2019年11月18日于魏公村

目录

序言

“生存照顾”的意义　/ 001

开篇语

先存百姓　/ 001

第一辑　筑民生之基

解决民生问题的基本保障在法治。民生法治，要求立法反映人民的意愿、代表人民的利益，充分体现“民之生计”；民生法治，要求行政机关依法行政，最大限度地保证民生政策能够真正落实和持续，以实现惠及民生的初衷；民生法治，要求司法给予公民权利和及时有效的救济，从而维护权利实现民生。

警惕形式主义为扶贫注水　/ 006
政府过紧日子更要做好民生加法　/ 008
把民生事业落实落细落小　/ 010
“基层减负”深得民心　/ 012
为行政文件套上法治“缰绳”　/ 014
对执法假作为出重拳　/ 016

官威从何而来 / 018
小作坊食品安全需要“吹哨人”制度 / 020
医疗机构“傍名牌”不能放任不管 / 021
堵住医院骗保漏洞宜早不宜迟 / 023
猝死获救不能靠“太幸运” / 025
让关键少数绷紧安全生产这根弦 / 027
以得力措施深化改革扩大开放 / 029
清除正当防卫的模糊空间 / 032
让消费带上扶贫的温度 / 034
把高质量脱贫攻坚放在首位 / 035
凝聚共识激发创新发展伟力 / 038
“就业优先”夯实民生之基 / 040
确保“放管服”改革落到实处 / 042
完善立法保障景区旅游安全 / 044
提质升级乡村旅游宜落细落小 / 046
农民获利才是乡村旅游正路 / 048
“让利于民”要落在实处 / 050
清理“奇葩证明”须用好大数据 / 052
政府咨询电话莫“隐身” / 054
取消社保集中认证体现民生关怀 / 056
政府回归本位不为企业背书 / 058
生活垃圾处理收费提出了更高要求 / 060
“限时遛狗”不现实 / 062
确保“告官能见官”还需制度压实 / 064
干部自保心态要不得 / 066
用实名制规范网络直播 / 068

遏制互联网广告野蛮生长 / 070
知识产权保护激活创新原动力 / 072
“年检”让政府网站回归服务本位 / 074
加大对基层政务官微监管力度 / 076
铲除“山寨社团”不能手软 / 078
“只跑一次”顺民意得民心 / 080
“不见面审批”须以“马上办”托底 / 082
别让大数据为“杀熟”背黑锅 / 084
“黑科技”不能一黑到底 / 086
激发城乡融合发展活力 / 088
严打电商失信须出“组合拳” / 091
征信为何要“牛刀杀鸡” / 093
“提速降费”助推数字中国升级 / 095
警惕“僵尸政策”消解改革红利 / 097
“戒烟药纳入医保”可以有 / 099
“幼升小”致“离婚热”政策难辞其咎 / 101
“昆山砍人案”撤案传递多重价值 / 103
科技“放管服”有利于释放创新活力 / 105
不能让层层转包侵害民生工程 / 107
村医不能走 / 109
分红式扶贫应向除穷根升级 / 111
大气污染严重反弹根在作风反弹 / 113
众筹平台要摆脱“悲情营销” / 115
不可行性论证是最好的可行性论证 / 116
整治景观过度亮化要敢于“撕面子” / 117

第二辑 谋民生之利

增进民生福祉是发展的根本目的。要在发展中补齐民生短板、促进社会公平正义，在幼有所育、学有所教、劳有所得、病有所医、老有所养、住有所居、弱有所扶上不断取得新进展，深入开展脱贫攻坚，保证全体人民在共建共享发展中有更多获得感，不断促进人的全面发展、最终实现共同富裕。

阻止“消废品”祸害农村市场 / 120
小修摊里有大民生 / 122
向更多“全国通办”努力 / 123
“物业进村”提升乡村治理标准 / 124
大数据时代APP不能搞技术霸凌 / 125
“工作996生病ICU”应引起重视了 / 127
“校长陪餐制”切忌沦为花架子 / 129
别让“最低消费”野蛮生长 / 131
“不明扣费”消费陷阱待填平 / 133
养老金中央调剂为全国统筹打下基础 / 135
斩断伸向“养老钱”的黑手 / 137
对福彩腐败窝案须深刻反思 / 139
农资打假不能手软 / 141
警惕花式骗术“围猎”老人 / 143
对统计造假零容忍 / 145
“携号转网”需要打破利益壁垒 / 147
警惕近视群体低龄化 / 149
力挺动车吸烟“禁乘180天” / 151
打击价格忽悠不止在“双11” / 153
实体店无理由退货须配套法律跟进 / 154

“车载便利店”需要更多规范和保障 / 156
高铁站选址要以便利性为导向 / 158
莫让“保留吸烟区”拖控烟后腿 / 160
整治骚扰电话运营商应担主体责任 / 162
应依法严惩暴力伤医者 / 164
读懂“反向春运”的深层意味 / 166
多方完善全科医生制度保障 / 168
倡导见义“智为”是一种社会进步 / 170
校外培训机构规范后效值得期待 / 172
期待更加务实地消除大班额 / 174
“取消高考加分项”彰显教育公平 / 176
最严驾考离不开最严监考 / 178
让“异地就医直接结算”路短些 / 180
医保卡岂能成为购物卡 / 182
体检行业该“体检”了 / 184
遏制农村酒驾须出实招 / 186
征集群众办事“堵点”应常态化 / 188
“最严”才能最有利于奶业振兴 / 190
加大对“洋地名”清理规范力度 / 192
珍视“中国农民丰收节”的内涵价值 / 194
网络平台别成了招聘诈骗的帮凶 / 196
拒收现金损害消费者支付选择权 / 198
收视率造假这颗“毒瘤”早该摘了 / 200
请用降级摘星处理星级饭店卫生乱象 / 202
年轻人何以宁送外卖不去工厂 / 204
别再让公共维修资金“沉睡” / 206

第三辑 解民生之忧

鲁迅曾说："多数的力量是伟大的、要紧的，有志于改革者倘不深知民众的心，设法利导，改进，则无论怎样的高文宏议，浪漫古典，都和他们无干，仅止于几个人在书房中互相叹赏。"今日之中国，需要大刀阔斧进行改革，而改革只有深入了解民之所望，给人民带来更多的获得感，才能在时代的浪潮中不迷航。

"无人经济"不能法外裸奔 / 210
畅通自由职业人才职称评价渠道 / 212
民间借贷要有堵有疏 / 214
"网约工"劳动权益不容漠视 / 216
建筑工人实名制属多赢之举 / 218
让技术工人活得更体面 / 220
进一步完善企业用工制度 / 223
"共享护士"还需更多制度呵护 / 225
让"天价退票费"进入可治理范畴 / 227
让机场餐饮"同质同价"实至名归 / 229
莫让电商专供成价低质次的代名词 / 231
自媒体责任不能被流量淹没 / 233
加大对网上药店监管力度 / 235
以法治祛除电商发展之弊 / 237
营造良好网络版权环境 / 239
消费者"差评权"不容忽视 / 241
和解并非奔驰车主"哭诉维权"事件的终点 / 243
支持降低重点国有景区门票价格 / 245
儿童免票当有更科学的标准 / 248

加大对“儿童专用”产品监管力度 / 250
学前教育普惠属性值得期待 / 252
警惕幼儿园“小学化”倾向 / 254
黑外教缘何在培训市场大行其道 / 256
清理中小学竞赛应成为常态 / 258
“学生官”官僚气戕害大学精神 / 260
把合理惩戒权交给老师 / 262
商业广告进校园贻害无穷 / 264
打击论文买卖要标本兼治 / 266
严惩无差别施暴者 / 268
严防猛打杜绝“洋垃圾”入境 / 270
禁止环保“一刀切”是务实之举 / 272
环境保护税意义不可低估 / 274
快递包装“瘦身变绿”须制度压实 / 276
提高“无废城市”消废能力 / 278
莫让“垃圾围村”成乡村振兴短板 / 280
提速整治城市黑臭水体 / 282
“城乡一体”整治农村人居环境 / 284
坚决打好污染防治攻坚战 / 286
建立过期药回收长效机制 / 289
加大有机食品市场监管力度 / 291
别让高温津贴成为纸上福利 / 293
“福利新规”让福利发放更规范 / 295
推进婚俗改革应打好组合拳 / 297
对婚姻登记失信有惩罚才能遏制 / 299
抗癌药零关税顺应民生期盼 / 301

降低抗癌药价还需加把劲 / 303
救命药涨价不能无节制攀升 / 305
补助“深夜食堂”让城市更温情 / 307
治理高空坠物不妨以重典治乱 / 309

后 记

学习好才能服务好 / 311

先存百姓

“爹，啥叫逃荒啊？”

“没有吃的了，出门寻吃的，就叫逃荒。”

这是电影《一九四二》中，河南省延津县一对农家父女的对话。语言拙朴而有些轻描淡写的随意，却道出了千百年来河南乃至中国的农民，因为天灾人祸发生了“吃的问题”，而被迫离开生于斯长于斯的土地，如蝼蚁、牛虻般流离失所的境况。在历史叙述中，这些人被称为“流民”。

流民问题，是一个从夏朝以来便根植在中国大地上的社会现象。

在中国历史上，天灾和人祸相互叠加，就容易造成“赤地千里，流民百万，盗贼蜂起”的情景，直接动摇国家的统治基础。如何解决民生问题，便成了所有统治者都要研究的重大课题。中外古今，概莫能外。

一

早在《左传·宣公十二年》中，就有“民生在勤，勤则不匮”的说法。

在中国传统社会中，民生一般是指百姓的基本生计。到了20世纪20年代，孙中山给“民生”注入了新的内涵，并将之上升到“主义”、国家方针大政以及历史观这样一个前所未有的高度。孙中山对民生问题较为经典的解释是：“民生就是人民的生活——社会的生存，国民的生计，群众的生命。”

在现代社会中，民生和民主、民权相互倚重，而民生之本，也由原来的生产、生活资料，上升为生活形态、文化模式、市民精神等既有物质需求也有精神特征的整体样态。从人权角度看，民生就是人的全部生存权和普遍发展权。从需求角度看，民生是指与实现人的生存权利有关的全部需求和与实现人的发展权利有关的普遍需求。从责任角度看，就是执政者施政的最高准则。

自古以来，主宰政权兴亡的，是民生。

从《尚书》中的“民惟邦本，本固邦宁”，到管子的“以人为本”“仓廪实而知礼节”；从儒家创始人孔子的“藏富于民”，到战国时期孟子的“制民之产”；从汉初贾谊的“民无不为本也”，到唐太宗的“先存百姓”等等，这些民生主张，在一定程度上改善了当时的民生状况，但民生问题始终没有得到根本解决。特别到了近代，由于清朝统治者的腐朽与懦弱，加之帝国主义的侵略，广大人民生活在苦难穷困和灾难深重之中，展现在中华民族面前的是一幅民不聊生、贫困落后、生灵涂炭、国破家亡的悲惨黯淡景象。

中国人民为了追求民生幸福，进行了长期波澜壮阔、不屈不挠的艰苦斗争，可谓是“雄关漫道真如铁”。无论是新民主主义革命、社会主义革命还是社会主义建设时期，中国共产党自诞生之日起，就始终代表最广大人民群众的根本利益，始终把解决民生问题作为党一切工作的出发点和落脚点。

近年来，随着改革开放的深化，中国在经济建设上取得了举世瞩目的成就，综合国力日益强大，民生得到极大改善。

中国特色社会主义进入新时代，我国社会主要矛盾已经转化为人民日益增长的美好生活需要和不平衡不充分的发展之间的矛盾。人民热爱生活，期盼有更好的教育、更稳定的工作、更满意的收入、更可靠的社会保障、更高水平的医疗卫生服务、更舒适的居住条件、更优美的环境，期盼孩子们能成长得更好、工作得更好、生活得更好。中国民众对于现实生活的重视，其程度恐怕是中国几千年以来前所未有的，已不仅仅限于温饱型的生活。

但现实中，不同民生领域、城乡之间、区域之间民生发展不平衡的问题依然突出，食品安全、医疗卫生、环境保护等领域发展不充分。随着中国工业化、城市化进程的推进，人地已经分离，大多数社会成员已经没有土地，人们已经摆脱了依靠耕种养家的生存方式，更多地依靠从事非农职业获取收入支撑其基本生计。问题在于，在现代社会和市场经济条件下，尤其是在全球经济一体化和中国社会急剧转型的条件下，社会变化速度很快，各种不确定性因素过多，相应地，社会成员要面临着前所未有的诸如人生和职业方面的风险，仅靠一个人或一个家庭，不可能有效应对日益增多的社会风险。

当前，中国比较重要的社会矛盾，几乎都由民生问题所引发。比如：劳资矛盾的主要起因是劳动者对于不够合理的劳动收入、不达标的劳动条件以及平等对待的利益诉求；贫富矛盾的主要起因是为数较多的中低收入者、低收入者以及贫困群体成员对于基本社会保障，以及收入公正分配的利益诉求；干群矛盾的主要起因是民众对于基本公共服务的利益诉求；流动人口所引发的社会矛盾的主要起因是流动人口对享有基本市民生活待遇的利益诉求；征地拆迁所引发的社会矛盾的主要起因是被征地拆迁者对于合理补偿的利益诉求等。

二

民生问题越来越尖锐地摆到执政党的面前，要把改革创新精神贯彻到治国理政各个环节，毫不动摇地坚持改革方向，提高改革决策的科学性，增强改革措施的协调性，推进各方面体制改革创新，把民生问题做实。

民生本身就是天大的事。我们要在发展经济的过程当中持续地改善民生，抓住民生的一些重点、难点问题，一件一件去做。正如习近平总书记2016年2月在江西考察时强调，保障和改善民生没有终点，只有连续不断的新起点，要采取针对性更强、覆盖面更大、作用更直接、效果更明显的举措，实实在在帮群众解难题、为群众增福祉、让群众享公平。

要把天大的事办好，就得推动实现更高质量和更充分的就业，坚持把促进就业作为首要工作，不断丰富和完善就业创业扶持政策，稳中求进、突出重点，加大力度、精准施策，全力确保就业局势稳定，努力使人人都有通过辛勤劳动实现自身发展的机会，让广大劳动者尽可能获得更加稳定、更高质量的工作。

要把天大的事办好，就得全面建成多层次社会保障体系，坚持覆盖全民、城乡统筹、权责清晰、保障适度、可持续的方向目标，不断深化社会保障制度改革，加快推进落实国家顶层设计，积极鼓励基层探索创新，让人人都能享受到更加可靠的基本社会保障，不断满足群众多样化、多层次的社会保障需求。

要把天大的事办好，就得改进和加强工资收入分配宏观调控，建立健全工资收入及正常增长机制，切实发挥工资分配的激励导向作用，进一步规范工资收入分配秩序，使广大劳动者获得更加满意的收入报酬。

要把天大的事办好，就得始终抓好劳动关系领域风险防控工作，深入开展和谐劳动关系创建活动，积极构建和谐劳动关系环境，切实维护广大劳动者合法权益，使劳动价值得到更充分的尊重。

《好干部的民生课》是本人第三部评论集，全书共选编本人撰写的152篇评论精品，其中绝大部分作品曾发表于中国大型时政名刊——《瞭望》新闻周刊，共分为“筑民生之基”“谋民生之利”“解民生之忧”3部分。

本书围绕近几年来中国发生的重大事件和热点事件，由点到面，探讨了中国社会发展中一些关于民生的议题。

本书突出问题导向，内容贴近现实，着重揭示在中国全力解决民生问题的大背景下，中国各领域出现的民生“肠梗阻”现象，从平民视角进行阐释与讲解，条分缕析为读者层层剥开背后真相，力求做到形式活泼、深入浅出、通俗易懂，帮助读者深刻认识解决民生问题的重要性和艰巨性。

感谢新华出版社编辑，是他们付出了辛勤的劳动，才使本书得以顺利出版；感谢新华社《瞭望》新闻周刊的领导及同事，是他们为我提供了宽松、融洽的工作环境和工作氛围，让我能静心研究当前的社会热点、难点问题。同时，感谢朋友们在此书的成稿过程中给予我大力支持和热情鼓励。

鉴于本人水平有限，本书难免疏漏，不足之处恳请读者给予批评指正。

李 松

2020年1月8日 于北京

第一辑

筑民生之基

解决民生问题的基本保障在法治。民生法治，要求立法反映人民的意愿、代表人民的利益，充分体现“民之生计”；民生法治，要求行政机关依法行政，最大限度地保证民生政策能够真正落实和持续，以实现惠及民生的初衷；民生法治，要求司法给予公民权利和及时有效的救济，从而维护权利实现民生。

警惕形式主义为扶贫注水

中央纪委2018年8月公开曝光7起扶贫领域形式主义、官僚主义典型案例。这是2016年8月至今，中央纪委第8次就扶贫领域腐败以及作风问题进行专题通报曝光。这也是中央纪委首次专门针对“扶贫领域形式主义、官僚主义典型案例”进行通报曝光。

中央纪委对扶贫领域腐败和作风问题典型案例持续通报曝光，内容逐步调整聚焦，既彰显了驰而不息、执纪必严的坚定决心，以及精准定位、忠实履职的使命担当，也一再释放出坚持问题导向、明确工作重点的强烈信号。

当前，脱贫攻坚到了啃硬骨头、攻城拔寨的关键时期，未脱贫的地区和群众大多是贫中之贫、困中之困，要在剩余时间内完成脱贫目标，任务十分艰巨，需要各级党员干部以严和实的作风尽锐出战，确保脱贫工作务实、脱贫过程扎实、脱贫结果真实。

但是，扶贫领域中的形式主义、官僚主义作风顽疾犹存。中央纪委国家监委网站8月29日发布消息，2018年上半年，全国各级纪检监察机关查处扶贫领域腐败和作风问题4.53万个，其中形式主义、官僚主义问题占35.51%。

这些形式主义、官僚主义问题，有的还很严重。就以曝光的这7起典型案例来说，工作不严不实不精细，致使资金跑冒滴漏、项目久拖不决的有之；政治意识、责任意识缺失，对脱贫攻坚不上心、不负责，坐视问题发生的有之；心无群众、脚不沾泥，对扶贫工作消极应付、慵懒推诿，甚至一再弄虚作假的有之。而从近期媒体披露的情况来看，一些地方扶贫表格种类多、样式多、报送次数多，重复填报表格信息，扶贫档案多级归档、重复归档的问题尤显突出。

贫困群众最需要的是实实在在的帮扶行动，是脱贫致富的真点子、好措施。这些形式主义、官僚主义的作风顽疾如同附骨之疽，如不及时动手术，势必会导致脱贫攻坚基础不牢，再好的政策也无法真正惠及群众。

脱贫攻坚掺不得半滴水分。对于扶贫干部而言，要以“实打实”的措施解决真问题。对通报及媒体报道所反映的扶贫领域形式主义、官僚主义问题，有必要举一反三、揽镜自鉴，有则改之、无则加勉。

对于主管部门来说，应强化宣传引导，给基层干部讲透形式主义在扶贫领域的危害。同时，强化组织领导，把能力强、作风硬、业务精的干部充实到扶贫一线去，防止纸上脱贫和数字脱贫。此外，更要减少不必要的考核评价，建立更加科学有效的动态化考核机制，让扶贫干部心无旁骛地给贫困群众多出些实招，多办些实事。

政府过紧日子更要做好民生加法

“足国之道，节用裕民”。2019年政府工作报告提出，中央财政一般性支出压减5%以上，减轻企业税收和社保缴费负担近2万亿元。一边是政府做减法，一边是民生做加法，一减一增，生动诠释了紧日子和好日子之间的辩证法。

党和政府带头过紧日子，目的是让老百姓过上好日子。

“历览前贤国与家，成由勤俭破由奢”。十八大以来，党中央始终绷紧“厉行勤俭节约、反对铺张浪费”这根弦，要求各级党委政府牢固树立过紧日子的思想，精打细算，将每一分钱都花到最需要的地方，让每一分钱都产生最好的效果。

紧日子里有为民情怀，让百姓日子更红火是中国共产党人为之奋斗的目标；紧日子里有忧患意识，清醒看到现实难题、发展短板，就会多一点自警自励，多一些未雨绸缪；紧日子里更有弥足珍贵的精神力量——艰苦奋斗、勤俭节约，这是中华民族的传统美德，更是中国共产党人代代相传的优良作风。

“治国之道，富民为始；富民之要，在于节俭”。中国已成为世界第二大经济体，人均GDP接近1万美元，跻身中等偏上收入国家行列。但不论国家发展到什么水平，不论人民生活改善到什么地步，艰苦奋斗、勤俭节约的传家宝永远都不能丢。

过紧日子，意味着要更严格地把厉行节约体现在行动上。过紧日子不是某个地区某个部门的事，是所有政府机关都必须严格执行的要求。“欲为清白吏，必自节用始”。各级领导应坐言起行，行必能至，率先垂范，带动机关与社会的勤俭务实之风。

过紧日子，意味着政府要进一步增强为民意识。2019年的政府工作报告，在脱贫、教育、养老、医疗等多个领域作出了新的民生部署，各级政府均需精打细算，在民生领域把钱花在刀刃上，把真金白银投入到民生事业上来，让人民群众分享更多改革发展成果，从而使人民群众有更多获得感、幸福感。

钱少了，日子紧了，但干劲不能减，各级政府须拧紧发条上足弦，把政府工作报告中的各项任务，逐级压实、高质量稳步推进。

过紧日子，改革一刻不能停歇。2019年，改革的部署鼓点不停，步伐更紧。深化“放管服”改革、推进国资国企改革、深化重点行业改革、优化要素市场化配置、深化财税金融体制改革等等。啃下“硬骨头”，在重要领域和关键环节取得实质性突破，还须继续发扬钉钉子精神，一锤接着一锤钉，一寸跟着一寸进。

过紧日子，发展一刻不能止步。把握重要战略机遇期，坚持稳中求进工作总基调，就是要在发展中做到五个坚定不移，即坚定不移以供给侧结构性改革为主线，坚定不移推动高质量发展，坚定不移促进形成强大国内市场，坚定不移打好三大攻坚战，坚定不移深化市场化改革扩大高水平开放。过紧日子，不仅发展一刻不能止步，还要坚持以五大新发展理念统领高质量发展，更好地满足人民日益增长的美好生活需要。

过紧日子，精神一刻不能松懈。在过紧日子中实现“两个一百年”奋斗目标，实现中华民族伟大复兴的中国梦，不仅是攻坚战，更是持久战。保持昂扬的精神，在工作中主动作为、积极创新，以克难而进的勇气，把政府工作报告中的民生任务落细、落小、落实，兑现向人民群众作出的承诺，是新时代各级干部，尤其是党员干部应有的精气神。

把人民放在心中最高位置，就能实践好加减法中的辩证法，就能以更加努力的奋斗，满足人民对美好生活的向往。

把民生事业落实落细落小

2019年两会刚闭幕，一系列民生任务就有了明确的时间表和路线图：农村贫困人口减少1000万以上，在全国实行“携号转网”，二氧化硫、氮氧化物排放量要下降3%……一桩桩一件件，都与老百姓生活密切相关。

民生大如天。民生改善，让人民群众有更多的获得感、幸福感、安全感，更好地共享发展的成果，正是改革开放创造中国奇迹的根本目标与动力。

自古以来，中国人都将“民生”与“国计”相提并论。

从《尚书》中的“民惟邦本，本固邦宁”，到管子的“以人为本”“仓廪实而知礼节”；从儒家创始人孔子的“藏富于民”，到战国时期孟子的“制民之产”；从汉初贾谊的“民无不为本也”，到唐太宗的“先存百姓”等等，这些民生主张，为当下的实践提供了丰富的历史经验。

民生是国之根本。民生持续发展，国家就能长治久安。中国共产党自诞生之日起，就把为中国人民谋幸福、为中华民族谋复兴作为自己的初心和使命，并带领人民通过艰苦卓绝的奋斗，使中华民族迎来了从站起来、富起来到强起来的伟大飞跃。

进入新时代，中国人民对美好生活的向往日益广泛，内涵也在不断丰富。人民期盼有更好的教育、更稳定的工作、更满意的收入、更可靠的社会保障、更高水平的医疗卫生服务、更舒适的居住条件、更优美的环境，期盼孩子们能成长得更好、工作得更好、生活得更好。民生不断改善，人民的获得感就会同步增加。

保障和改善民生没有终点，只有连续不断的新起点。当前，保障和改善民生，要抓住民生的重点问题，持之以恒把民生工作抓好，发扬钉钉子精神，以坚持不懈的韧劲，一件事情接着一件事情办，一年接着一年干，锲而不舍向前走，把民生事业落实落细落小。

首先，兜好底。要从实际出发，集中力量做好兜底性、普惠性、基础性民生建设。要倾情倾力做好民生兜底工作，不因事难而推诿，不因善小而不为，补强基层薄弱环节，切实兜实、兜牢、兜好民生底线。

当下最大的兜底，是坚决打赢脱贫攻坚战。2018年8月，《中共中央国务院关于打赢脱贫攻坚战三年行动的指导意见》发布并提出了一系列的政策举措，确保贫困人口都能实现“两不愁、三保障”，让他们生计无忧。对此，各级政府应将脱贫攻坚的各项工作不断落实落细落小，确保全面建设小康社会的路上一个也不掉队，完成好这个最大的民生任务。

其次，救好急。近年来，中央政策在这方面继续发力。比如相关部门陆续实施或酝酿一系列政策加强癌症、罕见病等重大疾病的防治，包括加快境内外抗癌新药注册审批，将更多抗癌药物纳入医保等，都是急群众之所急的重大举措。同样，天更蓝、水更清，也是群众急迫而长远的愿望。在环保领域，我们已取得了重大进展，下一步，要更细、更实、更长远地发力生态文明建设，让百姓从生产生活的时时处处，都更好地体会到绿水青山就是金山银山。

再次，解好难。就业是民生之基。就业优先在2019年的政府工作报告中首次被置于宏观政策层面，强调“必须把就业摆在更加突出位置”。针对一些企业的困难，2019年政府对减税降费做出非常细致的安排，大量企业得到了实惠。同时，加大“放管服”改革、改善融资环境、加大职业教育改革力度等各项政策不断出台，企业活力被大大激发。市场主体活跃，就会大大提高就业容量，这是从根本上保障就业的有力举措。

从大处讲，党和国家的各项政策最终都要服务于民生的改善。从小处讲，让群众充分体会到政策的温暖，取决于每位党员干部的积极努力，取决于党员干部将这些政策落实落细落小的愿望与能力。把一桩桩、一件件的民生“小事”办实办好，就能撑起民生的蓝天。

“基层减负”深得民心

2019年3月11日，中共中央办公厅发出《关于解决形式主义突出问题为基层减负的通知》，明确提出将2019年作为“基层减负年”，并针对“错误政绩观”“文山会海”“过度留痕”等困扰基层干部的形式主义问题，都做出详细规定。

这一通知可谓切中痛点、直指病灶，积极回应了广大基层干部的迫切期待，在社会上引发广泛关注，深得民心。

“要么在开会，要么在去开会的路上。”人民日报刊文《“多开会”莫如“沉下去”》中，一位县委书记发出了这样的心声，“工作还没开始，先开个会来动员一下；工作遇阻了，就开个会推进一下；工作结束了，还要通过会议来总结表彰一下。”近年来，不少地方基层干部陷入了“会议多、文件多、留痕多、迎检多”的怪圈。结果造成“开会时间比工作时间还长”“出现问题多数是基层干部的责任”“有的地方重‘痕’不重‘绩’”“检查考核名目繁多、频率过高、多头重复”……凡此种种，基层干部虽深恶痛绝却又无可奈何。

基层负担过重，实质是基层形式主义问题严重，一定程度上挫伤了基层干部工作积极性，束缚了基层干部干事创业的手脚，成了阻碍基层发展的“绊脚石”。形式主义变种的出现，问题显示在基层，根子还是在上级单位。客观地说，微信群里晒工作进度，基础工作留下工作痕迹，强调的是抓落实的过程，也是工作督导的一种方法，本来没有错。但是过分地强调、讲究事事留痕的做法，让本来很好的工作方法变了味。

要让基层干部挤出时间、腾出双手，心无旁骛抓落实，把精力花在服务群众的实事上。接下来，就是如何不折不扣地落实相关规定。要求各级各地要认真学习，拿出切实管用的措施，同形式主义、官僚主义作坚决斗争。

说到底，要揪住这个形式主义的变种，还是需要上级单位多些务实的精神。督导各地工作，要多些实地的考察，多走到群众中听听老百姓真实的感受；多扎进工作的场景里，现场看看工作开展的实际进度，提要求给建议。而不是简单的靠材料了解进展，靠数字总结工作，从纸上来到纸上去地开展工作。所谓上行下效，上级单位的工作作风实了，地方的工作作风必然追求落到实处。这样上下一心，将基层干部从繁琐的文字中解放出来，把更多的精力投入到为百姓谋实事的工作中去，必将更加有利于我们工作的开展和推进。

此外，各级政府要见贤思齐，对症下药，让干部从文山会海、迎评迎检、材料报表中解脱出来，把精力用在解决实际问题上，要以提高工作效能和为民服务的质量作为评价各项工作的根本准则。在目标考核的设计中，可以多注重考核干部在基层群众的口碑和工作实绩，不搞纸堆里的考核，而是把求真务实、一心服务群众的好干部推出来，焕发广大基层干部的扎实务实之风。

为行政文件套上法治“缰绳”

2018年5月31日，国务院办公厅印发《关于加强行政规范性文件制定和监督管理工作的通知》规定，各级政府要严格依法行政、切实防止乱发文件。严禁越权发文，严控发文数量。严禁照抄照搬照转上级文件，以文件“落实”文件。

近年来，各地各部门不断加强行政规范性文件制定和监督管理工作，取得了一定成效。但一些地方和部门乱发文、出台文件不规范的现象还不时出现，诸如规定取消职工休假、禁止城乡居民复婚办酒席等等。这些文件不同程度地侵犯了公民、法人和其他组织的合法权益，损害了政府公信力。

这些文件，从表面上看似乎是在狠抓作风建设，以改善当地的党风民风，但其所折射出来的，恰恰是文件制定者本身需要改进的工作作风。比如有的地方领导干部将对党员干部的严格要求，不加推敲便推及普通群众，既不注重当地的民俗传统，也不考虑群众的切身感受，以“禁令”方式来推进工作；有的领导干部存在官僚主义作风，不深入进行调查研究，盲目出台“规定”。

这类文件的出台，本质上是权力“越位”。从另一个角度，也折射出有些领导干部不担当、怕担责的心理。在对主体责任强力问责压力之下，有的领导干部怕自己所辖之内出问题，宁可矫枉过正。

对于这些文件，以往通常的处理方式，只是收回文件，至于如何弥补其造成的不良影响、如何问责相关决策者等，没有明确的法律法规予以规范。权力“越位”的低代价，造成了不规范文件屡禁不绝。

遏止这类文件出台，必须坚持源头治理，为文件套上法治“缰绳”。一方面，作为政府部门，要切实做到依法行政，严格遵循行政文件的制定程序，牢牢树立“法无授权不可为”的规则意识。推动政府法律顾问制度的落实，确保文件内容经得起法律检验。另一方面，政府文件的起草、制定、会商、论证、审查等程序要更加科学合理，从源头上提高文件的质量。凡是拟出台对多数人有重大影响的文件，除了应由政府法律顾问先行把关，或由专家学者参与研讨，论证其必要性和可行性，还有必要面向社会公开征求意见，使文件更具可行性和准确性。

与此同时，对因不规范文件造成严重社会影响的，不但要及时纠正，还要按照有关规定对有关责任人严肃问责，做到“权责对称”。

对执法假作为出重拳

福建泉州湾河口湿地——被列入“亚洲重要湿地”“中国优先保护生态系统”的自然保护区，自2017年以来被非法围垦700多亩，围堰长度达2公里多，地貌遭到较大破坏。

据媒体2018年11月报道，一年多来，当地群众不断向有关部门举报，7个相关职能部门执法10余次，出动执法力量近千人次，却未能有效制止非法围垦行为。

此类执法假作为现象，在环保领域并不仅于此。比如，2018年6月17日，生态环境部通报，中央第一环保督察组进驻河南省开展督察“回头看”时，收到群众投诉称，一家本应停产两年多的煤矿企业仍在违法排污。督察组检查发现，该企业曾收到环保部门33张罚单，但因有基层领导干部“站台”等原因，始终未曾整改。

为打赢防污治污攻坚战，中央启动一轮又一轮环保督察，发现了不少问题。然而，从近来中央环保督察“回头看”情况来看，很多被督察通报过的问题，在一些地方却不同程度存在执法假作为现象。虽然执法场面轰轰烈烈，但“雷声大，雨点小”，没有实质效果。这种执法假作为助长了不法分子的嚣张气焰，也使政府的形象和权威大打折扣。

一些地方的环保执法假作为，表面看是一些地方政府属地责任落实不力，环境执法重形式、走过场的结果。更深层次的问题是，环保执法普遍遭遇“以权压法”困境，并形成恶性循环。当地一干预，一些环保执法部门就被迫放弃原则，甚至充当地方环保违法的“保护伞”。

在强大的环保压力下，一些地方政府依然对污染企业“网开一面”，暴露出这些地方主政官员对防污治污攻坚战缺乏危机感、紧迫感，在推进治污的工作上不严不实。

对环保执法假作为应出重拳。要杜绝环保执法假作为现象，不能止于点名曝光、行政处分，而更应当顺藤摸瓜，对其背后的利益链一查到底，坚决惩处。只有环保执法真正严格起来，并对负有管理责任的地方领导干部严肃追责、问责，才能铲除滋生执法假作为的土壤。

目前，中央环境保护督察这项制度虽然取得了不少成绩，但这种非常措施，不可能作为今后制度上的一种路径依赖。中央环保督察不能代替地方环保执法，今后还应持续推进生态环境保护的长效机制探索，让地方政府真负责、真作为。

官威从何而来

2019年4月26日，一则视频在网上热传，一名女领导在接待来访群众时出言不逊，还狂怼群众。

事情发生在吉林长春，南关区教育局接待一学校周边小区的业主代表，商讨划片入学问题。在商讨过程中，教育局的女副局长大耍官威，对群众出言不逊，称群众“听不懂话”，还强调，“我给你鉴定，目前你听不懂话”，这句话让业主十分气愤，纷纷表示抗议：“什么叫听不懂话啊”，现场顿时一片混乱。

之后，女局长颐指气使地对着业主们说：“咋滴？怎么滴？你想说啥啊？你是不是代表啊？能不能让人把话说完啊？你是哪个小区的？”

她还扭头吩咐了一句：“一会儿把他问一下子。”

业主们纷纷表示：“妈呀，这是要报复啊。”“要报复啊，太吓人了。”

从视频看，她的脾气不小，官威更大，面对一群反映诉求的民众霸气十足，仿佛有求于她的群众就该接受她的“训话”。

“官威”问题，是个老问题，一些官话，听着不啻刺耳，而且更是惊心，但不失本真，最为真实地反映了“当官做老爷”的作派，浑身散发着自以为是、盛气凌人的特权思想和霸道作风。其实，“官威”对百姓耍出惯性，也会延伸到官场，出现“官大一级压死人”的境况。

耍官威的背后，是中国数千年官场文化中，挥之不去的权力至上观念。

耍官威的做派与我们党的性质宗旨格格不入。人们心目中合格的党员干部形象，应该是亲民、爱民、为民、利民的好干部，他们一定会把百姓的疾苦挂在心头，认真尽责地行使党和人民赋予的职权，而不是端官架、打官腔、踱官步的“官老爷、官奶奶”。态度蛮横、颐指气使、简单粗暴的“耍官威”本质是官僚主义作风，是“官本位”思想作祟、权力观扭曲、严重脱离群众。

形式主义、官僚主义不是简单的作风问题，而是严肃的政治问题。做好群众工作，关键在于始终不忘人民立场，加强服务意识、公仆意识，用群众语言、群众乐于接受的方式做好工作。尤其是一些直接对接、联系群众的窗口单位、服务部门，在面对难事、杂事时要换位思考，将心比心、以心换心，多替群众着想，多听群众意见，更要经得起群众抱怨，多从自己工作上找问题找原因，用真心真情、真正的行动来赢得群众的理解、信任、支持。

要让某些官员的“官威”不再发作，一方面要对官员权力的运用形成规范和约束，真正实现“权为民所赋，权为民所用”，建立一套结构合理、配置科学、程序严密、制约有效的权力运行机制，给权力套上“紧箍咒”。另一方面要对干部职工加强学习教育，提高干部队伍的整体素质。

小作坊食品安全需要“吹哨人”制度

2019年4月18至19日，国家市场监管总局在浙江召开食品小作坊监管工作现场会指出，小作坊关系大民生。各级市场监管部门正因地制宜开展小作坊食品安全综合治理，推动食品小作坊规范发展和转型升级。

作为食品供应的重要组成部分，食品小作坊开设成本较低，成为不少人的创业之选。无论在城市还是在乡村，小作坊都是民众生活中不可或缺的一部分。不少小作坊生产出来的食品，极具地方特色和传统工艺特色，丰富了民众生活。

小作坊点多面广，流动性大，且大部分隐匿于农村民居，乡镇看得见、管不着，职能部门管得着、看不见。因其生产经营条件简陋、自控能力偏低，食品安全风险相对较高。同时，它又关乎包括困难群众在内的老百姓的生计，取缔一个很可能就断了一家人的生计，因此小作坊历来是食品安全监管工作的硬骨头。

要啃掉这块硬骨头，不能囿于市场监管部门，而应实现社会共治。除了监管力量继续下沉，宜建立“吹哨人”制度，即知情人士的爆料制度，鼓励社会组织或个人举报食品生产经营违法行为，一经查证属实，即给予举报人重奖。知情人往往是内部人，这有助于从内部攻克“堡垒”，促进“小散乱差”小作坊的综合治理。

“吹哨人”是行业内部人士，熟悉食品行业的繁琐工序和细节问题，把他们的监督积极性动员起来，可明显提高食品安全问题查处效率，降低监管成本。

通过创新小作坊监管措施，可培育出更多市场有需求、产品质量优、文化特色浓、品牌信誉高的传统技艺食品小作坊。

医疗机构“傍名牌”不能放任不管

近年来，以“协和”二字冠名的医院如雨后春笋般出现在许多地方，有的自称“协和医院某某分院”，有说是属于“协和医疗集团”，有说是“北京协和医院的连锁医院”或“与北京协和医院是技术上的上下级关系”。笔者以“协和医院”为关键词检索发现全国竟有1700多家。不少患者在“名牌”光环下，进去容易，被“狠宰几刀”才能出来。

医院“傍名牌”无非是为了给自己脸上贴金。这些医院很多都是“无名小卒”，在市场上名不见经传，一旦贴上“协和”的标签就立马显得“高尚”起来了，对外可以招揽顾客，财源滚滚而来。

医院“傍名牌”是一种不正当竞争行为，严重侵害名牌医院和消费者的合法权益，影响医疗市场的有序发展，也危及求医者的生命健康。如果“傍名牌”愈演愈烈，最后会成了一种恶性循环。一些医院看到别人用现成的品牌就可以挣得盆满钵满，而自己辛辛苦苦折腾还颗粒无收，那就没必要再去折腾了，套用一下别人的名号就行了，还可以实现非常不错的收益。更何况，这种操作办法简单实用，可复制可推广，尝到甜头的医院还会将这套办法复制到其他地方。可以判断，如果任其发展，这些山寨医院的数量还会继续增加。

但令人遗憾的是，尽管在全国各地已经挂起了好几千家“傍名牌”医院，但遭遇惩罚或者摘牌的，却几乎闻所未闻。

“傍名牌”现象泛滥的一个重要原因是对名牌医院的知识产权、商标保护力度不够。从法律角度说，“傍名牌”本质上就是虚假广告，属于违法行为。但是，医院“傍名牌”行为的违法违规成本太低，起不到遏制作用。

更为诡异的是，那些“傍名牌”的医院，竟然有不少是通过当地有关部门注册的合法医疗机构。由此可以推断，医疗领域的“傍名牌”现象，不可能是某些医疗机构的“独角戏”。可见，遏制此类乱象，除了有必要启动医疗领域“老字号”保护工程，更有必要以问题为导向，从法律、规则入手，才能将那些“打擦边球”“傍名牌”的医疗机构，毫不客气地逐出医疗行业。

当然，要还医疗行业一个干净的环境，彻底铲除医院“傍名牌”现象，监管部门更要担负起监管职责，对“傍名牌”的医院按照虚假广告行为予以严惩，切实提高医院“傍名牌”的违法成本。

堵住医院骗保漏洞宜早不宜迟

2018年11月21日，国家医疗保障局决定在全国范围内开展专项行动“回头看”，并已下发通知进行专门部署。“回头看”聚焦三个重点领域：对于医疗机构，重点查处诱导参保人员住院、盗刷和冒用参保人员社会保障卡等行为；对于零售药店，重点查处串换药品、刷卡套取基金等行为；对于参保人员，重点查处通过票据作假骗取基金等行为。

从2018年9月起，国家医保局就曾联合国家卫生健康委、公安部、国家药监局等部门，在全国范围内开展了打击欺诈骗取医疗保障基金专项行动。国家医保局2018年5月31日挂牌成立，3个多月后就牵头开展了这次专项活动，足以体现出他们在医保基金监管方面的紧迫感和责任感。

值得注意的是，沈阳骗保事件刚好曝光在专项行动的关键阶段。2018年11月14日，媒体披露了辽宁省沈阳市两家医院日常雇人住院，骗取医保基金，医院、中间联络人、“病人”内外勾结，分钱款事件。

骗保骗到如此程度，既对国家有关福利政策和制度以及社会的公平正义构成了戕害，又让我国医疗制度的声誉严重受损。管好用好医保资金，是关乎国计民生的大事，更关乎医疗保障体系的稳定。

骗保之所以屡禁不止，一方面是监督手段有限，地方医院有利可图、有空子可钻。另一方面是惩处力度不够，威慑不强。从以往案例来看，多“以罚代法”，处罚内容大多止于暂停医保支付协议，顶多吊销《医疗机构执业许可证》或《执业医师资格证》，违法成本极低。

打击欺诈骗取医疗保障基金专项行动杀个“回马枪”，及时而有必要。

但治乱也要防患，在整治骗保乱象时，也要完善医保制度，加快建立基金监管长效机制，筑起无懈可击的“防火墙”。

要防范医疗机构或个人骗保，一方面对套取医保基金的行为加大打击力度，提高违法成本。对于医院骗保行为，不能止于纪律处分。可考虑将骗保“入刑”，从立法层面进行明确和规范，并制订具体操作细则。另一方面应完善规则设计。让监管主体和责任更明确、监管手段和方法更多样。要通过改革医保基金给付方式。形成医患之间的监督制约机制，还应充分利用数字化和网络化技术。创新监管机制，变事后监控为实时无盲区在线监控。

医疗涉及每一个人，在医疗问题上体现公平正义是基础性的社会管理问题，堵住医院骗保漏洞宜早不宜迟。

猝死获救不能靠“太幸运”

2019年3月25日，一名男子在北京东单篮球场打球时心脏骤停。幸运的是，隔壁羽毛球馆有一群协和医院的医生；更幸运的是，这个球馆刚好有自动除颤仪AED。经过医生们的努力，患者被大家从死亡线上拉了回来。

人们除感慨获救的男子“太幸运”，认为他获救的条件太特殊。比如发生心脏骤停时，附近正好有国内顶级医院的医生。此外，事件背后也少不了运气成分。比如事发地东单体育馆，刚好就配有“急救神器”自动体外除颤仪（AED），能使心脏骤停5分钟内的存活率从5%提高到75%。还恰好遇上了会用的人。更巧的是，这一仪器还是一位热心市民两个月前刚刚捐赠的。

然而，这种幸运千里挑一、难以复制。一方面，除颤仪虽是“急救神器”，但因为价格高达2万多元，且使用率不高，导致除颤仪在国内的推广情况不好、配置率极低。另一方面，由于民众缺乏急救技能，大多数人对除颤仪也因缺乏专业培训而不会使用，易错失黄金救援时间，造成生命逝去的悲剧。此外，“扶不扶”也让很多人面对倒地的病人时纠结、犹疑“救不救”。

相比之下，发达国家的公众急救知识普及率已超过10%，如美国公众急救知识普及率达到25%，而我国这一数字仅为1%；作为全球公认的“救命第一要术”，美国有超过7000万人接受过心肺复苏术培训，接近总人口的四分之一，而我国仍有八成以上的公众不会心肺复苏。

2019年政府工作报告提出，要加强健康教育和健康管理。急救知识普及无疑是健康教育的重要内容，事关“健康中国战略”的实施。要让更多猝死患者得到及时救助，为垂危生命“续航”，无论是国家层面还是各地，都应该大力推进院外急救保障体系建设。

心源性猝死急救素有“黄金四分钟”之说。曾经有急救专家总结说：“院外心脏骤停急救靠四个字——会、敢、近、全。”

因此，要将急救能力作为一项公民素养，建立省、市、县三级急救知识技能普及培训网络，国家机关、企事业单位、社会团体、社区等都要组织开展急救培训；急救知识和相关技能应该纳入初、高中以及大学新生的入学培训或生命与健康教育课程内容，包括外伤处置办法、心肺复苏实施要点以及火灾、水灾、地震的逃生方法等。要建立常态化教育机制，针对学生不同年级不同阶段的需求，编写应急救护知识培训教案并在全国推广运用。

在此基础上，公共财政要加大对全民急救组织网络建设、全民急救公共设施建设的投入，推动形成完备高效、保障有力的公共急救体系。努力实现“随处可学，人人能学，随时备用，救人生命”。

“缺设备”可以添置，“不会用”可以学，而“不敢用”就需在相关免责制度上想办法，如，以立法的形式明确施救免责情形，消除公众参与急救的后顾之忧。只有解决好社会急救硬件不足、软件滞后、救助免责机制欠缺这些现实问题，才能让猝死获救不再只靠运气。

让关键少数绷紧安全生产这根弦

2018年4月26日20时40分，中石化工建设有限公司5名工人在天津渤化永利化工股份有限公司维修作业时，发生氮气中毒事故，其中1人死亡，2人入院救治，2人入院观察。事故发生后，天津市相关部门及区有关领导第一时间赶赴事故现场，全力组织救援工作。

据应急管理部介绍，国务院安全生产委员会办公室近日印发通知，部署2018年全国“安全生产月”和“安全生产万里行”活动。“生命至上，安全发展”是2018年活动的主题。

近年来，我国安全生产形势持续稳定好转，全国事故总量和较大事故、重大事故数量逐步下降。但近年发生的几起重大安全事故，多被认定为安全责任事故，主要原因还是安全监管的意识出了偏差、安全监管责任落实不力。

确保安全生产是以人民为中心、维护人民群众根本利益的首要标准。日前中共中央办公厅、国务院办公厅印发《地方党政领导干部安全生产责任制规定》，明确界定了地方党政领导干部安全生产的职责、考核考察、表彰奖励、责任追究。对地方党政领导干部的安全生产责任提出了明确要求。

在此次国务院机构改革方案中，组建应急管理部也引人注目。应急管理部门考虑的不再仅仅是“救”的问题，而且还包括“防”的问题。通过关口前移、预防为主、风险防控，进一步防止各类型突发事件的发生。可以说，前期防控、防患未然将成为国家应急能力建设的重中之重。

防范安全事故，责任重于泰山。再大的事只要有人管，也会变成小事，再小的事一旦没人管，就会变成大事。人民群众的美好生活，也体现在毫不放松对绝对安全的不懈追求，决不放弃对每个生命的悉心呵护。

人命关天，发展决不能以牺牲人的生命为代价，这是一条不可逾越的红线。一次次血的教训告诉我们，安全生产工作必须是“一把手工程”。除了理顺体制机制，更要让“关键少数”绷紧安全生产这根弦。地方党政领导干部是安全生产工作“关键少数”，如果他们安全生产红线意识不强、责任不清、落实不严、问责不到位，就会直接影响一个地区的安全生产形势的稳定。

由此，有关部门有必要继续强化各级领导干部的红线意识和底线思维，不断完善安全生产责任体系，积极推进“党政同责、一岗双责、失职追责”责任制落实，加大责任落实力度，层层传导、压实部门的监管责任、企业的主体责任。只有将问题隐患发现在前、解决在先，才能防微杜渐，让安全事故最大限度减少，尽最大可能促一方发展，保一方平安。

以得力措施深化改革扩大开放

2018年7月30日，北京市印发《全面深化改革、扩大对外开放重要举措行动计划》；此前的7月11日，上海市出台“扩大开放100条”行动方案……最近一段时间，全国各地纷纷出台举措深化改革扩大开放，受到舆论关注。

全面深化改革与扩大对外开放是有机统一的系统工程，以全面深化改革促进扩大对外开放，以扩大对外开放推动全面深化改革，是中国在新起点上实现绿色发展、创新发展和高质量发展的重要保障。

实践证明，没有改革开放，就没有中国的今天。改革开放40年，给中国带来的翻天覆地变化，既深刻地改变着中国，也深刻地影响着世界。

时间是最客观的记录者，成果是最有力的启示书。40年，中国在经济、政治、科技、教育、文化、体育、社会等多方面从封闭半封闭走向全面开放，并取得了举世瞩目的成就。中国经济的腾飞、民众生活水平的大幅度提升、综合国力的迅速发展，意味着中华民族迎来了从站起来、富起来到强起来的伟大飞跃，迎来了实现中华民族伟大复兴的光明前景。改革开放，是决定中国命运的关键之举。40年，中国人民用自己的辛勤与汗水书写了壮丽史诗，展现了中国力量。

征程万里风正劲，重任千钧再奋蹄。过去40年中国的发展奇迹，是在开放条件下取得的，未来中国实现高质量发展也必须在更加开放条件下进行。继续推进国家治理体系和治理能力现代化，坚定不移深化各方面改革，坚定不移扩大开放，这是改革开放40年所给予中国的深刻启迪。

同时，我们必须清醒地认识到，深化改革扩大开放是一场深刻的社会变革，是一项复杂的系统工程，各地须在中央部署下，因地制宜，创造出富有特色区域的经济发展模式，辅以得力的举措积极推进。特别要深入把握改革规律和特点，系统谋划路径和方法，为全面深化改革扩大开放提供科学指导和行动指南。

各地推出的深化改革扩大开放措施，顺应了新时代的新要求，回应了人民对美好生活的新期待。

第一，各地深化改革扩大开放的措施，坚持了以人民为中心的原则。人民群众是推动社会变革的决定性力量。没有人民的支持和参与，任何改革都不可能取得成功。改革开放在认识和实践上的每一次突破和发展，改革开放中每一个新生事物的产生和发展，改革开放每一个方面经验的创造和积累，无不来自亿万人民的实践和智慧。全心全意为人民服务是中国共产党的根本宗旨，始终坚持人民立场、坚持紧紧依靠人民，才能确保改革开放和社会主义现代化建设航船始终破浪前进。

紧紧依靠人民推动改革开放，就要坚持一切为了人民，从人民群众的根本利益出发谋划改革、推进改革，使改革发展成果更多更公平惠及全体人民，让改革发展的过程成为为民造福的过程。

人民群众获得感是衡量改革发展的最终尺度，是评判改革成效的最终标准。改革方向对不对，改革措施准不准，改革成效好不好，人民群众最有发言权。深化改革扩大开放要将群众放在最高位置，做到群众关心什么、期盼什么，改革就要抓住什么、推进什么。

第二，各地深化改革扩大开放，遵循了以问题为导向的原则。改革源于问题，改革的目的是为了解决问题。各地扩大改革开放的措施，加强了对存在问题的分析研究，切实提高了改革开放精准度和有效性。

第三，各地深化改革扩大开放的措施，遵循了鼓励基层创新的原则。改革开放是亿万人民自己的事业，必须尊重人民群众的实践创造，特别要尊重基层一线和人民群众的首创精神，在全社会进一步营造解放思想、开拓创新的浓厚氛围。基层创新是改革落地的重要方法。全面深化改革任务越重，越要重视基层探索实践。要把鼓励基层改革创新、大胆探索作为抓改革落地的重要方法，使改革更加精准地对接发展所需、基层所盼、民心所向，更好造福群众。

第四，各地深化改革扩大开放的举措，遵循了重在抓落实的原则。全面深化改革，关键在落实。各地的举措有一个共同的特点，这就是建立起了科学的监督考核评价体系，形成“靠实干创实绩、以实绩论英雄”的鲜明导向。

中国正站在一个新的历史起点上。一个深化改革扩大开放的中国，必将在合作共赢的道路上与世界携手同行。各级领导干部只要不忘初心、牢记使命，以“功成不必在我”的精神境界、“功成必定有我”的历史担当，发扬钉钉子精神，一张蓝图绘到底，一任接着一任干，就能当好全面深化改革扩大开放的“应考者”，交出人民满意的答卷。

清除正当防卫的模糊空间

最高人民法院2018年9月18日发布《关于在司法解释中全面贯彻社会主义核心价值观的工作规划（2018—2023）》，对未来五年的司法解释工作做出专门部署。其中特别指出，要适时出台防卫过当的认定标准、处罚原则和见义勇为相关纠纷的法律适用标准，鼓励正当防卫，保护见义勇为者的合法权益。

早在1979年，我国刑法就规定了正当防卫制度。1997年刑法修改时特意增加了规定：对正在进行行凶、杀人、抢劫、强奸、绑架以及其他严重危及人身安全的暴力犯罪，采取防卫行为，造成不法侵害人伤亡的，不属于防卫过当，不负刑事责任。但从现实来看，这些年来一些地方司法部门对于认定正当防卫比较谨慎，尤其在致人死亡的案件中，有的被认定为防卫过当，有的甚至被认定为故意或过失犯罪，从而影响了正当防卫制度的作用发挥。

正当防卫与防卫过当，从字面看只是一字之差，但对当事人所带来的法律后果却有着天壤之别。2018年8月27日发生的轰动一时的“昆山反杀案”，警方最终认定于海明的行为属于正当防卫，不负刑事责任，并依法撤销案件，但该案此前引起的巨大社会反响，暴露出正当防卫认定缺乏具体适用标准的尴尬。

这些年正当防卫条款之所以难以起到应有法律实效，与刑法对该制度的规定过于概括、缺乏操作性，有着密切的关系。在司法实践中，怎么判定当事人的行为是正当防卫还是防卫过当，法律和司法解释并没有明确的认定标准，法官在个案处理中就会陷入两难境地。为避免激化矛盾，多数只好进行

"平衡处理"，使得被侵害人难以受到应有的法律保护。公民在面对侵害时总是缩手缩脚，客观上助长了一些不法分子的嚣张气焰，最终产生了"合法但却不合民意"的矛盾结果。

法律不是冷冰冰的规则，应该有"人的温度"。如果在正当防卫的掌握上从严、防卫过当适用过宽，则有悖于宽严相济的刑事政策。

最高人民法院此番发文，明确提出"鼓励正当防卫"，并将正当防卫认定标准、处罚原则等纳入下一步司法解释起草、修改、完善的重点规划之一，堪称司法一大进步。这意味着正当防卫制度不仅是受害人自我保护行为的一种权利救济，也将会成为推动公众与不法侵害斗争的价值导向。

期待这样的司法解释早日出台，以最大限度地消除正当防卫的模糊空间，进一步彰显正当防卫制度的立法本意。

让消费带上扶贫的温度

当前，一些贫困地区的优质特色农产品、民族手工艺品、休闲绿色农业等，因受制于诸多因素“养在深闺人未识”，在市场上能见度低、销售量小、价格低，影响了产业脱贫步伐。而国务院办公厅日前印发《关于深入开展消费扶贫助力打赢脱贫攻坚战的指导意见》，以期通过消费扶贫解决这个难题。

消费扶贫是社会各界通过消费来自贫困地区和贫困人口的产品与服务，帮助贫困人口增收脱贫的一种扶贫方式。其最大特点是动员社会力量参与，既兼顾了市场化的特点和优势，也激发了公众的爱心。

比起政府“输血”式扶贫，消费扶贫能有效动员起社会力量，提升扶贫的深度和高度，促进扶贫的质量和效率，形成良性循环。更重要的是，消费扶贫可让贫困群众更有尊严，更能体验劳动创造幸福的成就感。

消费扶贫不能违背市场规律，在发挥政府“有形之手”助力消费扶贫的同时，还需发挥市场“无形之手”的作用，使参与消费扶贫的各方受益。社会公众需求的主动引导，还需要有高质量的产品和服务对接。

从消费角度来讲，包括贫困地区自身在内的社会各界，还须进一步全面提升贫困地区农产品供给水平和质量，加快农产品标准化体系建设，提升农产品规模化供给水平，打造区域性特色农产品品牌。

从流通环节角度来讲，要大力拓宽贫困地区农产品流通和销售渠道，把消费者和生产者，尤其是相对小众的消费者有效对接起来，稳定市场，降低交易成本，减少道德风险，增加农户和消费者的福利。

聚“众人拾柴”之力开展消费扶贫，犹如打通脱贫攻坚“任督二脉”，这样有温度的扶贫，必将更能激发群众脱贫致富的精气神。

把高质量脱贫攻坚放在首位

2018年8月19日，中共中央、国务院公布《关于打赢脱贫攻坚战三年行动的指导意见》指出，到2020年，巩固脱贫成果，通过发展生产脱贫一批，易地搬迁脱贫一批，生态补偿脱贫一批，发展教育脱贫一批，社会保障兜底一批，因地制宜综合施策，确保现行标准下农村贫困人口实现脱贫，消除绝对贫困；确保贫困县全部摘帽，解决区域性整体贫困。

改革开放以来，特别是党的十八大以来，中央全力推进脱贫攻坚，力度之大、规模之广、影响之深前所未有，脱贫攻坚取得了决定性进展。

过去5年，中国贫困人口减少6853万，贫困地区群众生产生活条件明显改善，贫困群众获得感明显增强，中国特色脱贫攻坚制度体系不断完善，创造了中国减贫史上的最好成绩。在此基础上，中央提出打好精准脱贫攻坚战，强调把脱贫质量放在首位。

未来三年，还有3000万左右农村贫困人口需要脱贫，平均每年需要减贫1000万人以上。其中，因病因残致贫比例居高不下，脱贫难度大。特别是西藏、四省藏区、南疆四地州和四川凉山州、云南怒江州、甘肃临夏州等深度贫困地区，不仅贫困发生率高、贫困程度深，而且基础条件薄弱、致贫原因复杂、发展严重滞后、公共服务不足，脱贫难度更大。

脱贫攻坚时间紧、任务重。打赢脱贫攻坚战，要把高质量脱贫攻坚放在首位，以有力的行动、扎实的工作，坚持精准方略，提高脱贫实效，全面答好高质量脱贫攻坚"考卷"。

第一，突出发展，狠抓产业扶贫，在持续增收上精准发力。要结合本地资源禀赋和基础条件，选准优势特色产业，制定产业扶贫发展规划，发挥金融扶贫引导和协同作用，打造特色种养基地、产业扶贫基地和示范园区，提升产业脱贫能力，促进群众稳定增收、村集体经济可持续发展。着力促进就业创业。完善扶贫就业创业政策，培育发展扶贫就业创业基地，开辟劳动力转移输出、本地务工、就近就业、公益岗位等就业扶贫模式。

在脱贫攻坚中，深度贫困地区、特殊贫困群体和农村基础设施建设不平衡不充分，是全面打好脱贫攻坚战的突出短板。要强化产业发展、易地搬迁、生态保护等措施，集中力量攻克深度贫困。一是对因病因残致贫的特殊贫困群体，健全完善社会保险、社会救助和社会福利制度等，以政策兜牢民生底线。二是对徘徊在贫困线边缘的脱贫户，建立健全脱贫退出动态监测和防范返贫长效机制，持续强化帮扶措施，稳定脱贫成果。

第二，拓宽视野，立足长远精准发力，全面提高脱贫质量。各级领导干部要聚焦帮扶的长期效果，夯实稳定脱贫、逐步致富的基础。既要解决好眼下问题，更要形成可持续发展的长效机制，把脱贫攻坚同实施乡村振兴战略有机结合起来。

就目前而言，贫困地区的乡村振兴重点围绕脱贫攻坚展开，实施政策倾斜支持，统筹整合项目资金，改善基础设施、公共服务，带动包括贫困户在内的农民群众生产生活显著提升。还要通过推动乡村产业振兴、文化振兴、生态振兴、人才振兴、组织振兴等来巩固提升脱贫成果。

第三，坚持扶贫与扶智、扶志相结合，“输血”和“造血”双管齐下。

一方面，要注重扶志，增强脱贫致富信心。改变部分贫困群众依然存在的“干部干、群众看”“等着扶、躺着要”现象，正确处理外部帮扶和贫困群众自身努力的关系，更加注重培养贫困群众依靠自力更生实现脱贫致富的意识，更加注重提高贫困地区和贫困人口自我发展能力。

另一方面，坚持扶知识、扶技术、扶思路。特别是紧盯贫困农村特色产业、着眼就业市场需求，因地制宜实施农村实用技术培训、劳动力转移培训和扶贫创业致富带头人培训，帮助和指导贫困群众着力提升脱贫致富的能力。让农村贫困家庭孩子都能接受公平和高质量教育，为阻断贫困代际传递创造条件。

第四，在求实求效上下功夫，以作风攻坚促脱贫攻坚。脱贫攻坚一分部署、九分落实。高质量打赢脱贫攻坚战，需要明确责任、狠抓实效。健全完善督导考核评价体系，提高考核评价的针对性指导性，加强过程督导，用好巡查利剑，畅通监督渠道，确保扶贫领域风清气正、心齐劲足，激励广大扶贫一线干部新时代新担当新作为。提升工作质量，确保脱贫成果经得起历史和人民检验。

凝聚共识激发创新发展伟力

有共识，就有共同的方向。

有共识，就有创新的力量。

创新是引领发展的第一动力。当前，创新作为一个激情澎湃的词汇，已成为社会共识，不断推进着中国的理论创新、制度创新、科技创新、文化创新等全方位创新。

唯创新者进，唯创新者强，唯创新者胜。在全球正在经历的新一轮科技革命和产业革命中，中国在基础研究、前沿技术、高端装备、重大工程等领域不断取得突破；人工智能、大数据、云计算等新技术与实体经济加快融合，新产业、新业态、新模式蓬勃发展，大众创业万众创新深入推进；新动能持续快速成长，为稳增长保就业、推动高质量发展提供了有力支撑，成为当代中国创新发展的新标志。

这一良好的创新势头，有助于进一步扩大和增强全社会的创新共识。以更高的创新共识，涵养更充沛、更持久的创新伟力，蹄疾步稳进入创新型社会、创新型国家行列，在此期间还需要做好三方面工作。

首先，创造更加宽容、宽松、宽厚的创新环境和氛围。深化科技管理体制改革，着力聚焦几个关键点。

一是“松绑”，即进一步减少对科研机构的行政干预，逐步消除“行政化”“官本位”等做法对科技工作的干扰，让科技人员以“安、专、迷”的精神潜心钻研。二是“放权”，即进一步下放科研管理权限，使科研机构、科研人员在选题、经费支配、用人等方面有更大自主权。去除科研管理中的“繁文缛节”，扩大科研自主权，激发科研机构和科技人员创新活力。三是“包容”，即要营造更加宽松的环境，包容科技工作者个性，鼓励其张扬特长，宽容其探索创新中的失误失败，这是对科学技术发展规律的遵循。

其次，出台更多鼓励创新的政策。在激励政策中，充分体现知识价值的分配原则，让创新人才“名利双收”。

一是在发展中形成以国家重点科研基地为骨干、企业为技术创新主体、探索性研究为生力军、竞争协同机制为纽带的科研开发体系。二是完善符合创新规律和市场经济规律、财政资金与社会资本交融支持、稳定投入与竞争支持互补、绩效挂钩的科技投入和政策体系。三是健全上下游通畅、产学研结合的创新和转化体系，加强知识产权保护力度。四是健全完善科技成果第三方评估和以增加知识价值为导向的分配政策等创新机制。

第三，培养、吸纳更多勇于创新、善于创新的人才。

优化创新型人才培养体系和培养模式。其一，培养创新人才要注重创新精神和创新能力的培养。创新精神就是独立思考、理性质疑精神；创新能力就是探索未知、勇于创造的能力。其二，重视培养创新型人才的创造性思维能力，提高创新型人才求知、分析、综合与理解的能力，以及运用已有知识提出和解决实际问题的能力。其三，加强产学研合作，培养复合型创新人才。

放眼世界，完善创新人才培养、引进、使用机制。对于海外高层次人才回归，一方面可以考虑给予永久居留申请、购房、贷款上的政策优惠，另一方面畅通意见反馈渠道，使他们更好地为国家发展建言献策，作更大的贡献。

时间是充满魔力的变量，抓紧时间才能抓住时机。这警醒我们仍要只争朝夕，切不可有“歇歇脚”“松口气”的念头。凝聚创新发展的共识，激发创新发展伟力，我们就能攻克追梦路上一个个“娄山关”“腊子口”，实现中华民族伟大复兴。

“就业优先”夯实民生之基

“稳增长首要是为保就业”“只要就业稳、收入增，我们就更有底气”2019年的政府工作报告，首次将就业优先政策置于宏观政策层面，旨在强化各方面重视就业、支持就业的导向，传递出了浓浓的民生情怀。

增进民生福祉，是发展的根本目的。中共十九大报告把“坚持在发展中保障和改善民生”作为十四条基本方略之一，报告还强调，“就业是最大的民生”“要坚持就业优先战略和积极就业政策，实现更高质量和更充分就业”。

当前，中国就业总量压力不减、结构性矛盾凸显，新的影响因素还在增加，就业必然面临更加严峻的挑战。一方面，高校毕业生的增加，意味着“有人没活干”的现象或将更加明显；另一方面，年轻人“宁可送外卖，也不进工厂”的择业观，也说明“有活没人干”问题也可能进一步凸显。

“有人没活干”和“有活没人干”，两个看似相互补充的问题，正在成为企业和民生的双重“痛点”。

就业优先，是民生兜底、稳大局的关键之举。就业一头牵着千万个家庭，一头连着国家经济大势。有就业，民众才有生活来源，才有底气消费。就业稳住了，市场才能稳，扩大消费促进投资拉动经济也就有了基础。稳就业，既是经济发展的目标，也是经济运行的“下限”。在经济下行压力较大的背景下，要多管齐下稳定和扩大就业，强化政策协调，加大对重点人群的就业帮扶，同时大力发展职业教育和新就业形态，促进高质量就业。

首先，强化对重点人群就业帮扶。随着科技进步加快和产业调整升级，就业的结构性矛盾更趋突出，企业裁员和招工难、“有人没活干”和“有活没人干”并存，部分领域、行业、地区就业压力更趋突出。在这一情况下，受外部环境影响较大的外贸出口企业，产能过剩行业、老工业基地和资源型地区，以及农民工、中低技能劳动者和高校毕业生等群体，应当是稳就业政策关注的重点。

其次，加快发展职业教育。加快发展现代职业教育，既有利于缓解当前就业压力，也是解决高技能人才短缺的战略之举。应在贫困地区大力发展中等职业教育，使贫困人口掌握脱贫致富的知识和技能，增强其就业能力和自我发展能力。中西部贫困地区由于经济发展水平不高，职业教育发展明显滞后。建议设立深度贫困地区高中阶段普及攻坚计划专项资金，并向中等职业教育倾斜；外引内培兼修，多措并举，提高贫困地区职教师资整体水平；完善多元对口帮扶机制，提高针对性和有效性；推动产教融合，瞄准重点产业布局职教专业。

其三，新就业形态值得期待。加强对灵活就业、新就业形态的支持。互联网、大数据、人工智能等技术广泛应用，催生出新零售等更具灵活性的新兴职业。随着信息技术快速革新升级以及国家相关政策的正向促进，“灵活用工”就业模式在劳动力市场的占有率和影响力逐步增强。

总体布局上，在保持经济健康发展的同时，注重发展有利于增加就业和利用人力资源的经济产业和生产服务，通过经济增长拉动就业。在培育数字经济、新能源、健康等新兴产业中，形成比较优势产业链促进就业。这些行业的特点是产业链长，可以大量吸纳不同层次的劳动者就业。

确保“放管服”改革落到实处

2018年6月11日起，国务院办公厅在中国政府网开通“政务服务举报投诉平台”信箱，统一接受社会各界对涉企乱收费、涉企政策不落实、未实现政务服务“一网通办”、群众和企业办事不便利，以及其他政务服务不到位等问题的投诉。

此次国办开通举报信箱接受政务服务投诉，旨在围绕推进政务服务“一网通办”和企业群众办事“只进一扇门”“最多跑一次”的部署，广泛听取群众和企业意见，充分发挥社会监督作用，切实解决企业和群众在政务服务中遇到的困难和问题，确保“放管服”改革落到实处。

群众利益无小事。对老百姓来说，他们身边每一件琐碎的小事，都是实实在在的大事，有的甚至还是急事、难事。

“跑断腿、磨破嘴、脸难看、事难办”一直是群众和企业办事难的真实写照。近年来，随着中央不断推进“放管服”改革，各级政府部门办事环境和风气有了显著改善，但个别地方依然还存在群众和企业办事难、办事慢的问题。有的部门和干部，一事当前，或念起“拖字诀”，满口“正在研究”“尽快处理”，实际上按兵不动，没有下文；或奉行“推字诀”，动辄以“不符合规定”“没有上级指示”等为由头，堂而皇之当起甩手掌柜。

少数部门和干部对群众的诉求充耳不闻、一味推脱，说到底还是没有真正把人民放在最高位置。这不仅与“以人民为中心”的发展理念相去甚远，更与服务型政府的建设要求背道而驰。

改革成功的关键既在于顶层设计，也有赖于基层一线的创新与合力。

因此，要抓好“放管服”改革，有必要聚焦企业和群众需求，创新技术手段，提速审批效率，紧盯企业与群众办事的痛点、堵点、盲点和难点，让担当作为成为自觉，让“马上就办”成为习惯，以监督问责的压力激发动力，使各级干部在其位、谋其政、干其事、求其效，实实在在地为群众服好务、尽好责。

如果各级政府部门能做到简政放权用“减法”、加强监管用“加法”、优化服务用“乘法”、攻克壁垒用“除法”，就一定能够打造出人民满意的服务型政府。

由此，有关部门还须进一步疏通举报渠道，对政务服务中的失职渎职、懒政怠政问题，依法依规严肃问责，确保国家优化政务服务的政策措施落实到位，切实增强群众和企业对“放管服”改革的获得感。

完善立法保障景区旅游安全

2018年11月8日，一名12岁的小学生在江苏省宿迁市项王故里景区游学时，被石柱灯砸中身亡。在此之前的2018年10月30日，焦作市沁阳市神农山旅游发展有限公司在景区内修建玻璃吊桥过程中，发生一起高处坠落事故，造成1人死亡。旅游景区的安全问题引发公众关注。

根据公开报道不完全统计，2017年以来，媒体至少披露了95起旅游景区人身伤害事件，其中2017年66起，2018年以来29起。在这些发生在旅游景区的人身伤害事件中，因景区设备所致事件最多，为19起；因交通事故死亡人数最多，达70人。

旅游安全事件这么多，原因主要有两个：一是近年来景区游客人次增多，安全事件相应增加，从客观上来讲是成正比关系。二是旅游景区不够重视管理和安全防范的筹划，对旅游安全的风险评估不够精准，重视经济价值而忽视旅游安全。很多景区虽然有系统的安全教育培训制度，但安全教育大多只是形式，只是为了应付主管部门的检查和要求，并没有真正提高员工的安全素质和管理水平。所以，真正的安全教育制度落地很困难。

同时，游客安全意识淡薄也是一个重要因素。旅游对于游客是一个放松的过程，所以大部分游客对旅游安全总是存在侥幸心理。

旅游业是朝阳产业、民生产业和幸福产业，安全是旅游业持续健康发展的前提和基础，对此，亟须完善旅游安全相关法规及制度化保障，同时相关执法部门间的无缝合作也亟待提升。

一方面，要完善旅游立法，为政府部门之间协调监管旅游安全提供法律依据。另一方面，建立政府部门间执法协调制度，例如，因高风险运动发生的旅游安全事故属于体育总局管，因海上运动发生的旅游安全事故要归属海事局监管等，亟须制度化协调机制。此外，在执法层面，亟须确保部门之间做到无缝合作。

值得注意的是，近年来空中秋千、蹦极、玻璃栈道、玻璃观景平台等，作为新兴旅游景点项目一方面吸引了大量游客，另一方面也存在一定的安全风险。有关部门要对此进行严格管控和监管，预防人身伤害事件的发生。

对于景区来说，应定期对游览设施如索道、观光天梯、游船等进行检测、检修和维护，使之符合国家安全标准，对游览设施准确核定载客人数、承载重量、运行速度等，并严格执行。

提质升级乡村旅游宜落细落小

2018年10月10日，国家发展改革委、文化和旅游部等13个部门联合发布《促进乡村旅游发展提质升级行动方案（2018年—2020年）》，针对部分地区乡村旅游外部连接景区道路、停车场等基础设施建设滞后，垃圾和污水等农村人居环境整治历史欠账多，乡村民宿、农家乐等产品和服务标准不完善，社会资本参与乡村旅游建设意愿不强、融资难度较大等问题作出系统部署。

乡村旅游是农村发展、农业转型、农民致富的重要渠道，是促进居民消费扩大升级、实施乡村振兴战略、推动高质量发展的重要途径。据统计，2017年全国乡村旅游总收入1.39万亿元，乡村旅游总人次为24.8亿，分别占国内旅游总收入、国内旅游总人次的30.4%、49.7%。

近年来，各地乡村旅游获得了长足发展，但仍存在较多短板和发展制约。最为突出的是，假期期间，一些“网红”乡村景点人挤人，停车、返程困难；尽管有些偏远乡村不论是自然风光还是民风民俗的文化保留都较为原汁原味，但交通不便、基础设施落后，难以吸引游人前往。

乡村旅游是个系统工程，需要农村人居环境整治、乡村公共服务提升、美丽文明乡村建设全面发展，需要多部门参与。此次行动方案，从补齐乡村设施建设短板、推进人居环境整治、建立健全产品和服务标准、鼓励引导社会资本参与、加大配套政策支持五个方面作出系统部署，切中要害，对乡村旅游提质升级具有重要意义。

把这个行动方案落地落细落小落实，将会使乡村旅游业在促进乡村振兴战略中有更大作为、更大担当。一方面，将加快城乡一体化进程，改善提升城乡环境质量，让城乡面貌美起来，让基层治理能力强起来；另一方面，将会带来农村服务业、加工业、商贸业、交通业等诸多关联产业的发展，让原本闲置或难以产生效益的民间技艺、农耕器具、风土人情、民俗礼仪等，变成极具地方特色的旅游产品，在保护、传承和复兴传统文化的同时，让农民“钱袋子”鼓起来。

乡村旅游牵涉的部门多，协调难度大。有关部门要把乡村旅游提质升级问题作为政府的民生工程，加强顶层设计和顶层管理，确保这个行动方案真正变成实际行动。

同时，也要谨防个别投资者追求短期利益，竭泽而渔，杀鸡取卵，对生态、环境、文化等乡村旅游的核心资源造成伤害。

农民获利才是乡村旅游正路

2018年12月10日，文化和旅游部等17部门联合印发《关于促进乡村旅游可持续发展的指导意见》，对乡村旅游可持续发展作出全面部署。其中提出，探索推广发展模式，完善利益联结机制，让农民更好分享旅游发展红利。

目前，乡村旅游已成为中国农民就业增收、农村经济发展、贫困人口脱贫的主战场和中坚力量。2017年全国通过乡村旅游实现脱贫人数占脱贫总人数的17.5%。

中国大多数旅游资源分布在乡村，特别是一些“老少边穷”地区。近年来，乡村旅游颇受资本青睐。原国家旅游局投资项目库数据显示，2016年全国乡村旅游类产品实际完成投资3856亿元，同比增长47.6%，主要集中在民宿、乡村旅游综合体等领域。而在乡村旅游的发展中，各地的主要模式是地方政府引进公司资本，以景点的运作方式发展乡村旅游。

《中华人民共和国农村土地承包法》第十条规定，国家保护承包方依法、自愿、有偿地进行土地承包经营权流转。但在实际操作中，有些基层政府和村民组织为了追求地方利益和自身利益，不顾农民意愿，多以行政命令手段，下达土地流转指标，限制土地流转完成时间，限制土地流转面积，甚至长时间、大面积地把土地租给企业使用，使农民在土地流转中丧失了话语权。

推动乡村旅游离不开资本、人才、管理等现代要素。但鼓励资本下乡，不能漠视甚至损害农民利益。在发展乡村旅游的同时合理保障农民的土地权益，是解决乡村旅游发展与当地农民利益冲突的关键，要让土地成为农民分享乡村旅游红利的“最大砝码”。

一方面，要健全旅游土地产权交易机制。比如组建农村土地使用权流转中介服务机构，实行土地流转委托管理，促成农民与旅游开发企业直接合作，进一步以社会力量来约束基层政府、集体组织的权力。

另一方面，要确立农民在乡村游商业开发中的“股东”地位，明确具体的分红比例及保障办法。要加强对农村集体经济组织、农民专业合作社开展乡村旅游的指导和规范，鼓励组建村级股份合作社，将农村土地使用权等集体资产核资折股，量化到农民个人，从而保证农民在乡村旅游开发中实现自身利益最大化。

此外，要重视农民参与乡村游项目开发、建设、决策、管理的主人公角色。只有依靠农民的智慧和力量，切实调动农民的积极性、主动性、创造性，乡村旅游的可持续发展才有最大公约数。

“让利于民”要落在实处

在2019年3月15日全国人大会议闭幕后国务院总理李克强举行的记者招待会上，有记者提问，在我国2019年将出台更大规模的减税降费政策后，政府财政是否能够可持续？李克强总理坦率地回答，减税就要减收，在2019年实施更大规模减税降费后，政府就要过紧日子，就要让利。李克强总理特别指出：“政府的存量利益也要动，得罪人也要动，让利于企业，让利于民。”

减税降费政策的目的，就是要促发展保民生。正所谓“足国之道，节用裕民”，政府过紧日子，意味着精打细算，把钱花在刀刃上，把更多“真金白银”投入到高质量发展和民生事业上来，让人民群众更多分享改革发展成果。“政府的存量利益也要动，得罪人也要动”，更表明政府要带头过紧日子的决心，有了这样的决心，老百姓过好日子就有奔头。

当然，“让利于企业，让利于民”绝非只是句口号。在“减增值税”和“降社保费率”双轮并驱下，2019年这轮大规模减税降费，预计将减轻企业税收和社保缴费负担近两万亿元。但要让减税降费的“让利效应”跟利好企业、惠泽民生结合，还得让其效果看得见、享得到。唯有如此，减税降费才能真正成为激活市场内生活力的润滑剂。

财政部公布的数据显示，2019年我国通过减税降费，全年可以为企业减少2万亿元税费支出。这对于企业来说，无疑是一个重大的好消息。但这也意味着政府将少收2万亿元税费，当政府税费出现大幅度少收的时候，政府财政是否能够持续，是一个必须认真考虑的问题。别的不说，假如政府的“钱袋子”出现亏空，那么政府所承担的一系列民生兜底保障项目，如养老、医疗、住房等方面可能就会出现问题，老百姓的利益可能就会受到损害。因此，当更大规模减税降费的宣示出现的时候，民众心头产生另一番担忧也是可以理解的。

对此，李克强总理在答记者问中作出了铿锵有力的回答。他明确表示，“大规模减税降费，是要动政府的存量利益，要割自己的肉，所以我说这是一项刀刃向内、壮士断腕的改革。”减税降费以后，政府财政收入减收了，为了不使财政出现不可持续的问题，就必须节减某一方面的开支。

李克强总理同时明确，民生保障要只增不减。在政府税收减少的情况下仍要保证民生，特别是养老和幼托等方面，政府准备通过加大基础设施建设的投入来让这“一老一小”的问题得到妥善解决。另外，城镇化推进，特别是脱贫攻坚都需要财政的大量投入，这方面的支出只能增加而不能减少。那么，唯一能做的就是政府要过紧日子，压缩政府自我运转中产生的各种开支，而要达到这个目标，就要动政府存量利益的“奶酪”。

政府既掌握着公共权力，又掌握着财政资金的“钱袋子”，很容易产生自我利益，并进而产生积重难返的存量利益。“让利于民”要落在实处，除要稳妥地支持减税降费，显然也需要将“政府过紧日子”长效机制化，切实压缩行政开支，做实简政放权改革，即使触动“政府的存量利益”也在所不惜。

最近几年，我国大规模压缩了“三公”消费的开支，就是一次“刀刃向内”的改革，现在要把这方面的成效巩固下来，防止其出现“翘尾”现象。与此同时，财政部门要严格控制好预算，通过这种“刀刃向内”的改革行动，让政府真正地过起紧日子，减税降费的努力就能顺利推进，真正收到切实的效果。

清理“奇葩证明”须用好大数据

2018年6月28日，国务院办公厅印发《关于做好证明事项清理工作的通知》，要求各地区、各部门要对法律、行政法规设定的证明事项进行梳理，逐项提出取消或保留的建议。各地区、各部门自行设定的证明事项，最迟要于2018年年底前取消。要从根本上铲除“奇葩证明”、循环证明、重复证明滋生的土壤。

各类“奇葩证明”、循环证明、重复证明是影响群众办事创业的堵点和痛点，饱受群众诟病。有的部门不依法依规办事，擅自做“加法”，证明事项、证明材料等不断加码，人为设置障碍；有的惯于做“推手”，表面上看是严格执行规定，实际上是推诿扯皮，将属于自己的核查责任，推给群众和企业。

提供有效的证明作为办事依据，本无可厚非。但层出不穷的“奇葩证明”，折射出少数部门依法行政意识淡薄，依法办事能力仍然偏弱，反映出一些地区、部门之间还存在着不同程度的信息壁垒；也暴露出少数部门工作作风漂浮、服务意识不强，庸政懒政的“作风病”仍存，必须要下大力气纠治。

近年来，从中央到地方，采取了不少措施简政放权，“奇葩证明”正在减少。但要彻底告别“奇葩证明”，破解办事难、办事繁问题，还需各地区、各部门付出更大努力。

要真正方便居民办理业务，减轻群众负担，除了必须加大力度进一步清理各类“奇葩证明”以外，为避免“奇葩证明”死灰复燃、卷土重来，还须做好以下两方面工作。

一方面，必须配套严厉的问责机制。减证便民是政府之责、群众所盼，各地各部门既要出实招杜绝“奇葩证明”，也要下大力气改进作风，破除各类隐形障碍，从制度上保证减证便民、优化服务。对于漠视群众、人为设置障碍、不作为、懒作为、乱作为的，应当予以问责和处罚，追究责任。

另一方面，必须打破信息孤岛格局，建立大数据库，真正实现信息共享、业务协同。让各个部门之间的信息数据库实现互联互通、相互衔接，组建起信息共享的大数据库，公共部门可以直接查询。只有这样，才能真正做到“信息多跑路”，不给群众添麻烦。

政府咨询电话莫“隐身”

2019年4月8日，山东省政府办公厅下发通知，要求迅速开展部门咨询电话“隐身”问题整改工作。

从全国范围看，这类问题并非山东独有，此前各地也时有曝光。比如，政府服务热线不能转接相关部门、政务服务网“办事服务”栏目一些部门咨询电话未公开或公开不规范、机构改革后政府部门名称更新不及时等等。特别是，一些政府部门咨询电话难打通，或是“话通事不通”。

政府咨询电话是企业、群众获得政务服务的方便通道。政府咨询电话“隐身”，表面上看是人不在线，实则是为民服务意识不在线，责任不在线。

2019年4月15日，新修订的《中华人民共和国政府信息公开条例》公布，进一步强化了政府便民服务要求。比如，行政机关应当健全政府信息发布机制，将主动公开的政府信息通过政府公报、政府网站或者其他互联网政务媒体、新闻发布会以及报刊、广播、电视等途径予以公开；各级人民政府应当在档案馆、公共图书馆、政务服务场所设置政府信息查阅场所，并配备相应的设施、设备，为公民、法人和其他组织获取政府信息提供便利；各级人民政府应当加强依托政府门户网站公开政府信息的工作，利用统一的政府信息公开平台集中发布主动公开的政府信息等等。

落实条例，不妨从整改政府咨询电话这样的小切口入手，各地宜对“隐身电话”来场大排查。从本地区的官方网站开始，开展自查自纠，并将政府咨询电话整合、统一入口，通过报纸、官网、微信公号等渠道向社会公示。

解决电话“隐身”问题，只是服务的“一小步”。办好政府热线，还应在人才储备、业务锻炼等方面予以必要的考量，让企业和群众的诉求，无论是咨询、求助、投诉还是建议，都能获得专业、及时高效的处理或反馈。

取消社保集中认证体现民生关怀

2018年5月，一段“九旬老人社保年审，家人抬着爬上三楼”的视频，引发对退休人员领取养老待遇要进行生存认证的争议。人力资源和社会保障部2018年7月5日宣布，将全面取消领取社会保险待遇资格集中认证，这意味着，退休人员终于不用每年到社保部门报到，“自己证明自己还活着了”。

一直以来，领取社会保险待遇资格集中认证类似“年审”，退休人员每年要到社保部门去“证明自己还活着”，这样才能领取养老金。这样做的初衷是为了防止老人去世后，子女漏报、瞒报信息，冒领养老金，在现实中也确实出现过此类案例。因此，开展领取社会保险待遇资格认证，是从制度上保障基金安全、维护全体参保人员合法权益的重要措施。

但随着信息技术的快速发展，传统的集中认证方式与大数据时代的要求和群众的需求越来越不适应。比如有的老人并未在参保地生活，而是跟随子女在外地，每年还得专程往返一趟办理认证，不仅舟车劳顿，还徒增支出成本；有的退休人员年事已高，行动不便，或身患重病，每年还得去社保部门折腾一趟。

防范冒领风险，保障基金安全固然重要，但在具体操作中更要注重群众切身感受。

当然，全面取消领取社会保险待遇资格集中认证，并非就不认证，而是不再要求参保人员在规定时段到指定地点集中认证，主要通过人性化的社会服务方式，如可利用信息比对与远程认证结合，“寓认证于无形”。对行动不便的老年人，有关部门将上门服务。对异地居住人员，还将推行手机APP

自主认证等。

近年一些地方也在积极探索远程异地认证联网，有的还变被动认证为主动服务，由社区工作人员进行社保认证，提高了社保服务水平。类似举措，既增加了认证的真实性，也方便了老人。

在全面取消领取社会保险待遇资格集中认证的同时，相关部门须加大对欺诈冒领行为的打击力度，加强社会保险领域的诚信体系建设，通过惩戒打造起一道防范养老金被冒领的高压线。

人社部全面取消社保集中认证的做法，也值得其他行业借鉴。在现代社会，如何创新服务和监管方式，“让信息多跑路，让群众少跑腿”，关键取决于是否真正将群众的事放在心上。

政府回归本位不为企业背书

2019年3月11日，国家市场监督管理总局局长张茅在两会记者会上表示，要正确处理好政府与市场的关系，不要再为企业的行为背书、站台，将对著名品牌、知名品牌进行清理，在政府的榜单上，只有黑榜，没有红榜。

黑榜也就是黑名单，红榜则是指“驰名商标”一类的荣誉。在不少消费者看来，红榜上的产品有政府公信力兜底，值得信赖。产品入选红榜隐藏着巨大的商业广告价值。有些企业为了使产品挤入红榜，不惜对政府相关部门或个人输送利益。更有甚者，少数评选对“费用”明码标价，企业一手交钱一手拿奖。

政府树红榜，实质是以政府信用为企业站台背书。从以往一些案例来看，某些产品在政府授予荣誉时还算实至名归，得奖后就可能疏于管理降低品质，名实不符，此时一旦出现违反法律、失信等问题，将殃及政府公信力。

让市场的归市场，让政府的归政府，这是市场经济环境中确定政府和市场关系的一条基本法则。政府榜单只有黑榜，没有红榜，这是政府职能、角色的归位，更是对企业找准发展定位的合理引导。

企业的品牌，是不是名牌，是不是知名著名，是在市场竞争中形成的，是消费者选择的结果。谁该上红榜，消费者最有发言权。政府要做的，是对企业提供优质服务，使其“最多跑一次”，并对企业做好监管，对于那些上黑榜的企业公正执法，严格保护市场竞争环境，保护消费者利益。

企业要生存，要发展，不能指望通过行政确认一劳永逸。企业要做的是靠过硬的产品质量和服务获得好的市场口碑，获得消费者认同，是靠不断创新、竞争，以及诚信经营的持续付出，在市场上立于不败之地。

生活垃圾处理收费提出了更高要求

国家发展改革委2018年7月2日公布的《关于创新和完善促进绿色发展价格机制的意见》指出，要健全固体废物处理收费机制。2020年底前，全国城市及建制镇全面建立生活垃圾处理收费制度。同时，探索建立农村垃圾处理收费制度。

长期以来，生活垃圾处理费用都是由政府财政支出，但垃圾处理收费有其可行性。因为实施垃圾处理收费后，产生垃圾多就要付出更高费用，可以从源头上倒逼生活垃圾产生量的减少。“产生者付费”和“使用者付费”一脉相承。越来越具有现代意识的人们，会慢慢理解和接受垃圾处理收费。甚至在农村，只要能带来实实在在的改变，群众就容易接受。

但是，随着垃圾处理收费，人们对于环境有着更为丰富的诉求，能不能满足诉求？与“产生者付费”对应的还有“谁收费谁负责”，垃圾处理能力能不能适应新时势、新要求？因此，垃圾处理收费其实提出了更高要求。人们既关心收多少、如何收，还关心收费之后会带来什么改变，能不能满足人民对美好生活的向往。这是垃圾处理收费必须回答的问题。

生活垃圾处理收费，在一些城市早已实施。其一，是将垃圾处理费附征于水、电、燃气等公用事业收费，按照居民消耗的水、电或燃气数量征收生活垃圾处理费；其二，就是通过居民自治组织或物管直接向业主收取垃圾处理费。这两种收费模式均有明显的缺陷——在这种买卖关系中，市民花钱了，就觉得扔垃圾是天经地义的事情，甚至是不扔白不扔。

生活垃圾处理收费制度想要避免重蹈“限塑令”的覆辙，就不能单兵突进，必须有垃圾分类政策的全面配合。而全面推广垃圾分类，相关部门必须承担起该承担的责任。

收费只是手段，促进垃圾的分类化、减量化和资源化才是目的。基于计量征收所形成的差别化定价规则，可推动相当一部分人选择更加环保低碳的生活方式。

公平化和市场化，理应成为建立城市生活垃圾处理收费制度的逻辑主线。收费不能体现为公众的普遍“增负”，而更多应表现为针对不同人群、不同生活方式征费额度的“有增有减”。同时，也可引入社会资本，强化市场化运营，以便让收来的垃圾处理费用得其所并发挥最大效用。

“限时遛狗”不现实

2018年10月29日，云南文山市发布了一则《关于加强文山市区犬类管理的通告》称，在文山市区7：00至22：00禁止遛犬。此通告一出引发网民争议。

近年来各地频繁发生的因狗打人事件，都提示人们城市里人狗矛盾问题日益突出。其实，横向比较，当前国内养狗家庭比例并不算高，还有很大的增长空间和需求。问题仍然在于管理。狗跟其他宠物一个巨大的不同在于，狗是需要遛的。这意味着狗一定需要进入公共空间，由此凸显了养犬人自身的公共意识、责任意识问题和城市公共管理水平问题。狗患问题，归根结底是人的问题。

对于限制遛狗时间，支持、反对的声音都有。有人认为，政府给出具体的遛狗时间范围，让养犬真正规范起来，有助于城市文明建设。但也有不少人表示，新规执行，意味着主人遛狗需要“起早贪黑”，不太人性。“起早贪黑”遛狗，养犬人和政府监管都很难执行，在短时间内集中遛狗，还容易发生伤人事件。

但期间杭州发生的狗主人打人事件，显然继续强化了人们对于该“最严规定”的认可程度，可谓生动体现了权利和义务的辩证关系。因此，在规则和现实面前，养犬者更该清醒意识到，只有养犬行为越文明，社会的包容度才会越高，反之亦然。

从当下来看，越来越多的地方开始限制遛狗时间，更像是一种无奈的“熔断”机制。有些部门行政命令惯了，城市治理太过于简单化，不懂得人性化。养狗是一种生活爱好，如何管理好居民养狗对公共生活带来的困扰，不是简单的行政命令能够规定的，一刀切的行政命令只会引发混乱和质疑。

养犬不文明现象带来的安全困扰，引发的社会关系紧张，已具有一定普遍性；而城市的宠物数量未来还将继续增多。在这一现实背景之下，特殊事件后开展不文明养犬集中整治，当然有其必要，但公共管理部门更应该将规范养犬行为，作为常规性的社会治理新课题来对待，诉诸常态化、持续化的引导、管理行动。

要对这一问题进行治理，重点不应落在限制遛狗时间上，而是在养犬的细节治理。例如督促狗主人遛狗牵绳、清理粪便等，让这些细则能真正落地实施，才是犬类管理的关键。

揆诸现实，相较于限定遛狗时间，让“养狗必办证”“遛狗必拴绳”的观念像“喝酒不开车”一样深入人心，成为一种普遍被遵守的文明习惯，更显迫切和重要。要实现这一点，很重要的一方面就在于，让不文明养狗、遛狗行为，受到确切的、超越于道德谴责之上的违规代价。

确保“告官能见官”还需制度压实

在行政诉讼中，最常见的情形是“民告官”。长期以来，在此类案件中，行政机关负责人不出庭应诉，“民告官不见官”的现象，在各地仍然存在。这一现象，有望通过一些地方立法得到遏制。

2018年6月13日，武汉市政府法制办对《武汉市行政机关负责人出庭应诉暂行规定》进行修改，其中提出，包括应诉机关年度第一件行政诉讼案件，二审行政诉讼案件等在内的9种特殊情形下，应诉行政机关应由正职负责人出庭。而在其他情形下，行政机关负责人需出庭应诉，即便是“确有正当理由不能出庭”时，也需委托本机关相应的工作人员出庭，不得仅委托律师出庭。

2015年5月1日起施行的新修改的《中华人民共和国行政诉讼法》明确规定，“被诉行政机关负责人应当出庭应诉。不能出庭的，应当委托行政机关相应的工作人员出庭”。由于行政诉讼并不强求必须要“一把手”出庭，因此不少地方“以副代正”，甚至让工作人员或委托律师代为出庭。

行政“一把手”之所以出庭率低，除了公务繁忙难以抽身外，有的是因为“一把手”对行政诉讼缺乏足够重视，有的是法律知识和应对底气不足，担心出庭会造成难堪。

实际上，在现代法治社会环境下，无论政府还是普通群众，出现矛盾纠纷走上法庭很正常，行政诉讼案件的原被告双方地位完全平等。如果“一把手”作为被告出现在法庭上，既体现了对法律的尊重，也能让“一把手”更加懂得依法行政的重要性，从而更好地履行好手中的职权。从社会效果而言，“一把手”出庭更有利于缓解双方矛盾，更有助于问题解决。

武汉新规在“民告官”诉讼具体实践的基础上更进一步，值得各地借鉴。武汉不但对相关负责人出庭提出强制要求，而且要求其出庭前要做好准备，并积极参与庭审发言，充分体现了政府解决问题的决心。但要确保“告官能见官”还需制度压实，尤其要建立长效化追踪机制，保障规定的具体实施。

要建立长效化追踪机制，就意味着要将政府机关应对行政诉讼的表现，以制度化的考核形式体现出来，加大法治政府建设宣传力度。不仅要严格实行内部考核，还可探索由当事方对政府机关应诉情况进行评价，通过健全考核指标，给政府一定压力，倒逼“告官能见官”真正落到实处。

干部自保心态要不得

时下，有的基层干部有一种很不健康的心态，这就是自保心态。这种干部认为："现在工作要求高，少干活就少出错，就少被问责的风险，多一事不如少一事。"为了少出错、不出错，宁愿不干事以求自保，这样的心态要不得。

心态决定状态。从严治党从严治吏新政风，降低了权力的舒适度。同时，由于干部的激励机制尚不健全，干多干少、干好干坏区别不大，也使少数干部出现不求有功但求无过，得过且过的思想。

有自保心态的干部，其最大特点就是遇到矛盾绕着走。他们在重大原则问题上习惯当老好人、和稀泥，把事"推"给别人做；他们工作中碰上难题，不是想办法解决，而是为不解决问题找借口，把躲事、圆滑当成本事。"脑子不装事、心里不想事、手里不干事，不犯事也不顶事"的现象时有所见。老百姓议论说"脸好看了，事不办了"。

"为官避事平生耻"担当大小，体现着干部的胸怀、勇气、格调，有多大担当才能干多大事业。

破除干部自保心态，必须要为干事者、担当者撑腰鼓劲，正面激励干部积极作为。目前各地出台容错纠错机制，把干部在推进发展中因缺乏经验、先行先试的失误和错误，同有法不依、明知故犯的违法行为区分开来；把推动发展中的工作过失，同为谋取私利的违法行为区分开来；把政策法律不明的探索性失误和错误，同有令不行、我行我素的违法行为区分开来。如果有干部还继续抱着自保心态不作为，对其问责，一点也不冤。

破除干部自保心态，还要在考核机制上下大力气。完善干部考核评价机制，使想干事、肯干事、能干事，善于为民解忧、勤于为民谋利的干部，得到应有的认可，有“奔头”。

用实名制规范网络直播

2018年8月1日，全国“扫黄打非”办公室会同工业和信息化部、公安部、文化和旅游部、国家广播电视总局、国家互联网信息办公室联合下发《关于加强网络直播服务管理工作的通知》，部署落实用户实名制度，加强网络主播管理，建立主播黑名单制度，健全完善直播内容监看、审查制度和违法有害内容处置措施。

根据中国互联网络信息中心（CNNIC）发布的第42次《中国互联网络发展状况统计报告》显示，中国网民规模已达8.02亿，其中网络直播用户规模达4.25亿，网络直播已成为网络用户的重要参与方式。

网络主播进入门槛很低，一些平台甚至无需验证实名信息，依靠一台电脑或一部手机，就可直播，处于“野蛮生长”状态。直播内容更是参差不齐，有些游走在灰色地带，甚至在法律法规间打“擦边球”。比如有的主播公开叫卖走私车和“三无产品”，“未成年人炫耀怀孕”“00后宝妈”在直播平台上盛行等。

网络直播中的低俗内容，通过网络的无差别传播，给各年龄层群体造成负面影响，特别是对儿童青少年成长不利。因此，网络直播行业有必要通过有效监管，成为有价值内容的输出者。

针对暴露出来的问题，此前一些直播平台也采取了相应措施。比如，查删以低龄怀孕进行炒作的视频；对个别影响恶劣的账号直接封号；关闭关联推荐功能；在搜索入口进行拦截；增补审核规则，升级人工智能识别系统，封禁严重违规者账号等等。

但类似的事后“补窟窿”，更反映出直播平台缺乏有效监管。而实现用户实名制，将在一定程度上加强直播平台监管。此前频频曝出的“未成年人打赏主播”事件，就因为平台未实行实名制，在后期的申诉、举证上形成了诸多梗阻。用户实名制监管，也可以对未成年用户的行为进行一定的规范，引导未成年人接触积极正面的网络内容。

此次六部门强调落实直播实名制，抓住了网络直播乱象的要害，可从源头上跟踪、打击、责罚不法内容传播者，避免直播市场“劣币驱逐良币”，也必然会对新兴的网络直播平台起到规范引导作用，同时督促原有网络直播平台加快自查，完善监管。

当然，实名制落实后，后续的监管方案、执行更要跟上。实名制是制度的完善，要更好地发挥规则的正向作用，既需要政府加强监管，也需要企业承担更多社会效益，用户加强自身管理。只有三方共同努力，才能营造清朗的网络空间。

遏制互联网广告野蛮生长

国家工商总局2018年2月发出关于开展互联网广告专项整治工作的通知，以社会影响大、覆盖面广的门户网站、搜索引擎、电子商务平台、移动客户端和新媒体账户等互联网媒介为重点，集中整治社会影响恶劣、公众反映强烈、危害人民群众人身财产安全的五类虚假违法互联网广告。

近年来，随着互联网经济异军突起，互联网广告呈现蓬勃发展的态势。相对传统的电视、报纸、杂志等媒体广告而言，互联网广告具有快速、便捷、辐射面广等优点，特别是一些用户多、粉丝多的电子商务平台、客户端、公众号等，其发布广告途径简单、成本低、回报高，更是深受广告商的青睐。

根据CTR媒介智讯统计，2017年上半年，中国传统广告市场收入同比下降4.1%，互联网广告收入则同比增长14.5%。

然而，在互联网广告迅猛发展的同时，虚假宣传、低俗色情、血腥暴力、强制推送等违法行为也饱受诟病，广告投诉举报居高不下。据统计数据显示，2017年1～9月，全国共查处虚假违法广告案件1.87万件，其中互联网广告虚假违法案件8848件，这在所有媒介广告案件中占比最大。2017年前三季度涉及广告问题的投诉达到14.9万件，同比增长了102.8%。

由于互联网广告具有变化快、隐蔽性强等特点，加上监管部门在监管界限、执法手段、技术支撑等方面相对比较滞后，以及各地查办互联网广告案件的执法尺度存在差异，监管工作面临严峻挑战。

遏制互联网广告野蛮生长，要以此次专项整治为起点，建立长效监管机制。一方面，加强引导工作，充分发挥政府部门和行业组织的引导作用，提升行业自律意识和社会责任感，让广告活动主体自觉遵守相关法律法规和社会主义道德规范，做到商业信息传播与传播正能量的统一。

另一方面，加大技术开发力度，提升互联网广告管理水平。监管部门加大技术开发力度和广告信息识别水平，在技术上堵住违法广告的传播和网络渗透。

此外，建立相关部门间的协作监管机制，共享互联网广告监测、抽查信息，有效整合监管资源，形成监管合力。当然，在大数据时代，广告信息迎来了爆炸性的增长，仅仅靠管理部门和行业自律来杜绝不良广告并不现实，还宜发挥网民的力量，与执法部门和广告从业者互为补充，堵塞漏洞，才能让不良广告无所遁形。

知识产权保护激活创新原动力

中共中央办公厅、国务院办公厅2018年3月印发《关于加强知识产权审判领域改革创新若干问题的意见》（以下简称《意见》）指出，要不断深化知识产权审判领域改革，树立保护知识产权就是保护创新的理念。

创新是一个民族进步的灵魂，是一个国家兴旺发达的不竭动力。在激烈的国际竞争中，唯创新者进，唯创新者强，唯创新者胜。国际经验表明，做好知识产权保护是维护市场公平环境、激活创新原动力的基本保障。

近年来，随着我国知识产权保护力度不断增强，企业营商环境持续优化，创新者的创新活力和知识产权保护意识不断提升。据统计，2017年，我国发明专利申请量为138.2万件，同比增长14.2%。其中，企业对国内发明专利申请增长的贡献率达到73.5%。2017年度提交PCT国际专利申请100件以上的国内企业达到44家，较2016年增加18家。

技术创新的特点就是投入大、风险大、周期长、不确定性高。虽然企业在创新过程中付出极大的成本，但其创新成果却容易被复制和解构。据统计，2017年全国法院知识产权一审案件首次突破20万件大关，与2016年同期相比增长率达到40.36%，创历史新高。

因此，加大知识产权保护力度势在必行。作为对创新的产权制度安排和激励机制，知识产权制度是创新原动力的基本保障。其中，司法是保护知识产权最有效、最根本、最权威的手段。

然而，目前我国知识产权审判领域还有一些体制机制障碍，较突出的有举证难、赔偿低、周期长等问题，造成权利人维权难、成本高，而侵权人责任小、成本低的现状，不利于保护权利人的创新积极性。

可喜的是，《意见》坚持问题导向和目标导向，加强顶层设计，以完善知识产权诉讼制度为基础，以加强知识产权法院体系建设为重点，以加强知识产权审判队伍建设为保障，着力破解影响和制约知识产权司法保护的全局性、体制性、根本性问题。

当然，要充分激活创新原动力，除了有良好的创新保护机制，还宜进一步营造良好的创新氛围，引导科研人员积极钻研新技术、新发明，并健全成果转移机制，使创新成果市场化转移变现，能很好地回哺科研人员，这或许更有利于在全社会形成良好的创新氛围和正向激励机制。

“年检”让政府网站回归服务本位

政府网站从严监管升级。2018年1月底，中国各地区、各部门2万多家政府网站首次公布“年检”报告，既有强化监督的《政府网站监管年度报表》，也有深入“自检”的《政府网站工作年度报表》，向全社会亮出政府网站“家底”，政府网站是否合格、能否满足公众期待等，指标数据一目了然。

政府网站既是各级政府部门履行职能、面向社会提供服务的工作平台，更是政府机关政务信息公开，实现与企业、公众交流的有效途径，是展示政府部门形象和服务公众态度的窗口。

近年来，在有关部门定期抽查以及社会力量共同推动下，各级政府网站有了较明显的改进。但从“年检”情况看，群众反映强烈的老问题仍有存在，比如山寨网站、假冒政府网站仍未杜绝，信息发布不准确、更新不及时、内容单一，以及管理混乱，回复还偶有“雷人雷语”出现。

“知屋漏者在宇下，知政失者在草野”。政府网站工作做得好不好，公众最有评判权，在网上“晒”政府“年检”报告，让政府网站的运营情况变得更加公开透明，既尊重了公众的知情权、参与权和监督权，也能有效地防范弄虚作假、形式主义等不正之风的发生。此多赢之举，值得点赞。

网上“晒”政府“年检”报告，同时也意味着政府网站的便民工作，已不再是关起门自说自话，而是要经得起公众监督与考验。由此，政府网站“自检”报告内容是不是属实、监管报告的内容有没有瑕疵，尽管有关方面会进行严格核查，但公众“挑刺”不可或缺，这更有利于发现问题。

从这个角度讲，有关部门有必要开通多种反馈渠道，以方便公众投诉和建议。不妨考虑采取一些奖励措施，比如根据反馈问题的多少、大小，对公众进行奖励，鼓励公众充当“啄木鸟”。

更重要的是，政府网站“年检”报告不能止于“晒”，“改”才是落脚点。只有让公众对“年检”报告进行监督，帮助政府网站进一步完善，才能避免让“晒”沦为“面子工程”，避免服务工作陷入停滞状态。

完善只是手段，长久落实是根本，公众满意才是目的。对于政府网站存在的问题，除了做到“零容忍”“快整改”“防回潮”，更须持之以恒抓制度建设，持续转变政府工作作风，摒弃政府网站建设中的形式主义思维，使政府网站回归服务本位，真正起到桥梁作用。

加大对基层政务官微监管力度

目前，不少政府部门开通官方微博，微信账号，政务官微成为联系群众的重要渠道。然而，记者调查发现，一些基层政务官微信息发布内容随意，“怼网友”“神回复”等现象时有发生，不仅没有起到信息公开、为民解难的作用，反而损害政府公信。有些部门在官微运营时“当甩手掌柜”，监管缺位。

近年来，随着“互联网+政务”的迅猛发展，“两微一端”成为政府部门发布权威信息、与民众沟通、问政于民的重要渠道。据相关调查显示，一些地方政务官微的开通层级已经至街道、村一级。官微覆盖范围广、传播速度快、受众面大等特点，使其逐渐成为新时期展现政府形象的新“窗口”，联系群众的新“桥梁”。政务官微的内容代表着政府，发布内容要十分慎重。追星、推销商品、“怼网友”等事件层出不穷，暴露了一些地方新媒体政务平台建设存在的短板。

当前，一些地方探索利用外包服务组建政务微博微信运维团队。这种外包方式在具体实践中存在诸多问题。代管机构只有信息发布权限，民众看似能与政府部门直接对话，却无应答之“实”，诉求得不到解决；代管机构只是运维专业化，对服务部门所供文件素材不能也不敢做新媒体转化，实为内容传播上的“伪专业人士”；有部门直接要求第三方机构派人进驻，以求内容专业化，但此举将付出高额的保密成本。此外，部分基层官微账号内容发布审核缺位，给不当内容发布留下空间。目前，省市级政务官微普遍采取三级审核制，但县区级以下则在监管上存在弱化甚至缺位。

值得注意的是，有些基层“一把手”不重视政务官微，要么放手给小编自发自核、要么审核走过场。而小编群体普遍年轻，往往为了追求传播效果不注意说话方式，领导把关弱化也容易引发风险。

有些政务官微非但没有成为政府联系群众的得力帮手，反而成为政府部门网上工作的新风险点。对此，有关部门有必要举一反三，建立健全新媒体责任机制，提高媒介素养和业务本领。

2018年4月，国务院办公厅印发《2018年政务公开工作要点》明确提出，用好“两微一端”新平台。要求严格内容审查把关，不得发布与政府职能没有直接关联的信息，信息发布失当、造成不良影响的要及时整改。有关部门有必要着力解决官微运营资源配置问题，并加强领导审核。同时，应加强对新媒体运营人员的培训与监督，增强政务官微运营人员的服务意识，杜绝个人情绪融入其中，保障党和政府的网上群众工作做细做实。

铲除“山寨社团”不能手软

近年来，各类社团组织兴起，在丰富社会实践、参与社会管理中扮演了重要作用，但是，一些“山寨社团”浑水摸鱼，成为“治理顽疾”。日前，中宣部、中央网信办、公安部、民政部、市场监管总局等部门联合开展行动，对违法违规开展活动的文化类“山寨社团”进行专项清理整顿。

一段时期以来，一些在境内未注册登记或被撤销登记的组织、在境外成立在境内未经登记备案的组织和以文化类社会组织名义出现的企业，违法违规开展活动，有的冠以“中华”“中国”“国际”“世界”等字样，有的故意模仿国内合法登记的社会组织名称，大肆行骗敛财。

“山寨社团”为了钱财，通过办论坛、搞评比、发展会员、授牌子、颁证书，形成灰色利益链条。一些文化类的“山寨社团”通过高额费用招募会员，打着艺术幌子行欺骗之实。各类包装得有模有样的比赛、论坛真假难分，让许多企业花费不小。凡此种种，一旦跑路，由于未经注册维权困难重重，不仅严重污染了社会风气，损害了公众的合法权益，还破坏了社会组织的发展生态。

“山寨社团”存在花钱就能拿奖的游戏规则，还降低了社会组织的公信力和权威性；刻意迎合人们对于荣誉的需求，助长急功近利的浮躁氛围，清理“山寨社团”刻不容缓。

民有所呼、政有所应。近年来，在相关部门的大力推动下，清理整顿“山寨社团”打出了一套组合拳，成效显著。自2016年2月以来，民政部民间组织管理局主管的中国社会组织网设立离岸社团、“山寨社团”曝光台，截至目前已经公布了数十个批次；制定并发布《社会组织登记管理机关受理投诉举报办法》，为严厉查处提供制度方案；通过与互联网公司开展合作，对合法社会组织进行认证……从政府部门主动出击，到畅通举报渠道，再到完善制度法规，多措并举，让制度的篱笆越扎越牢，让“山寨社团”的生存空间越缩越小。

但也要看到，一些“山寨社团”被曝光后依然我行我素，有的换个马甲后死灰复燃。“山寨社团”之所以屡禁不止，一方面是监管上权责不清，让“大家都能管”沦为“大家都不管”；另一方面是信息公开尚未完全到位，让“山寨社团”得以瞒天过海，浑水摸鱼。同时，市场对此存在巨大内在需求，一方愿出钱获得虚名，以此作假获利，另一方愿意为需求者提供相关需求，并获取利益。

曝光、关掉“山寨社团”，并不能解决根本问题，还要彻底断掉相关的内生需求，铲除其滋生的土壤。应进一步完善社团信息网上公开和查询渠道，加快立法，实现依法治理，扶持一批公信力强、影响力高的社会组织在公共服务、行业自律等方面发挥作用，满足市场的合理合法需求。此外，消除“山寨社团”生存空间，对于一些已经曝光的“山寨社团”，应依法取缔，严重的还要移交司法机关追究刑责。只有这样，行业协会和社团才能走上专业化、规范化的轨道。

“只跑一次”顺民意得民心

2018年4月26日，公安部召开新闻发布会，国家移民管理局在发布会上通报，自5月1日起，在全国实行办理护照等出入境证件“只跑一次”制度，确保申请人到出入境接待窗口，一次即可完成申办护照等出入境证件的全部手续。

此次推出的出入境证件办理“只跑一次”制度，将优化办理证照流程，将原来办理证照需要的制证照片采集、指纹采集、申请材料提交、面见核查、证件缴费这些分散于不同时间段、不同场所的各个环节集中在同一时间、同一场所办理。申请人到出入境接待窗口办理出入境证件，“只跑一次”即可办完全部手续。国家移民管理局推行的这项新政，透着暖暖的民本思想。

近年来，办证难颇受群众诟病。比如来回奔波多趟，孩子快生了准生证却办不下来；到机关办事，工作日被告之工作人员不在；为办一本证照，往返多次……

随着“放管服”改革的稳步推进，如今“门难进、脸难看、事难办”的情况有了根本好转，不少地方用行动践行以人民为中心的发展思想。但现实中，个别地方、个别部门仍不同程度存在“办证难”问题。

“只跑一次”不应只是口号，还须进一步加强政府职能转变。首先，要加大改革力度，破除制度障碍，简政放权，真正做到有效减权、放权。各部门要自上而下，及时扫除那些不合时宜，且给办事群众“添堵”的制度。

其次，要加强机关作风建设，强化干部宗旨意识，增强干部服务意识，落实岗位责任，提高办事效率，并畅通诉求渠道，加大对“不作为干部”惩处力度，将那些“刁难”群众者从公务员队伍中清理出去。

再次，政府部门须与时俱进，充分运用网络平台，打破部门界限，实现数据资源集中归集和跨层级、跨部门互认共享，加快推进审批及服务事项网上申报、网上咨询、网上办理、网上支付、网上反馈，打破“信息壁垒”，让信息“跑”起来，使办事群众“只跑一次”，甚至“零跑路”。

最后，对传统的实体政务大厅服务能力提出更高要求，统筹服务资源，统一服务标准，理顺工作机制，强化部门协调，把线上线下结合起来。群众必须到现场办理的事项，做到“只跑一次”。

改革无止境。让群众“只跑一次”，这是党和政府对人民群众的庄严承诺。只有切实把“民之所忧，我之所思”的各项改革落实落细，人民群众的获得感、幸福感，才能更加充实、更有保障、更可持续。

“不见面审批”须以“马上办”托底

2018年6月28日，深圳市政府发布首批100个“不见面审批”服务事项清单，统筹发展电子政务和加快推进“互联网+政务服务”决策部署。

这100个“不见面审批”服务事项主要集中在市场监管、人力资源保障、交通运输、住房建设等领域，尤其是小汽车摇号、网约车申请、商事登记、港澳通行证、应届毕业生接收、留学回国人员引进等11类事项，均属于日常业务量大、市民期望快速办的高频服务事项。

“不见面审批”是指运用现代信息技术，重构审批业务规则，通过全程网上办理，实现申请人和审批窗口工作人员不需要见面就能审批办结的审批服务模式。

“不见面审批”并非简单把审批搬到网上，而是继续深化行政审批制度改革，在审批项目精简、审批流程再造的基础上，让审批服务更便捷，其背后是政府服务观念的转变和服务意识的提升。对于群众和企业而言，大大减少了行政审批的流程和时间，营造出良好营商环境，有利于企业减轻负担，轻装上阵。此外，改革还大大提升了政府服务品质，进一步规范了权力运行，优化了政务服务供给，有效节省了人力，助力政府把更多力量用于民生方面。

一些地方此前已对“不见面审批”进行了先行探索。比如，2018年5月初，宁夏回族自治区发展改革委涉及企业和群众的55项政务服务事项已全部实现“不见面”办理；海南省政府印发《海南省推行全流程互联网“不见面审批”实施方案》，提出到2018年底，实现80%的审批服务事项“不见面审批”。

但在具体实践中，也有一些地方的个别部门虽采取了“不见面审批”，但效果并没有达到预期。一些企业或个人虽提交了申请，却迟迟不见反馈，最后只能无奈地跑相关行政办事窗口。由此可见，“不见面审批”须以“马上办”托底，通过“首问责任制、一次性告知制、限时办结制”等制度倒逼，真正做到既不见面也能使办事提速，这样的改革才能叫好又叫座。

在推广“不见面审批”的基础上，还宜跟上相应的互联网知识普及。尤其是中老年人和偏远农村地区群众，对智能设备以及网络操作还不熟练，在享受“不见面审批”服务时还难免存在一定困难。这需要通过网络知识、“不见面审批”流程进社区进农村等，提高群众网络知识水平和网络使用能力，使改革成果惠及面更广、人民群众的获得感更强。

别让大数据为“杀熟”背黑锅

2018年3月初，有网民披露大数据“杀熟”现象。他经常通过旅行服务网站订某酒店的房间，常年价格在380元到400元。偶然一次，他通过酒店前台了解到，酒店淡季的价格在300元上下。他用朋友的账号查询后发现，果然是300元。但用自己的账号去查，却还是380元。

此事曝光后，网民纷纷吐槽各自类似“被宰”经历，商家利用大数据“杀熟”的行为浮出水面。

由于难拒价格差诱惑，个别商家选择利用大数据“杀熟”，向不同的消费者提供相同等级、相同质量的商品或服务时，却打出不同的销售价格或收费标准，这显然有悖商业道德。

其实，“杀熟”早已有之，并非因为大数据而产生。大数据“杀熟”与传统经济中的“杀熟”并无本质区别，都体现了一种滞后的商业文明。这种行为戕害的是消费者的信任，赚取的是眼前的利益，杀掉的是商家的未来。

公平的消费环境，有利于促进网络交易的健康发展，有利于保护消费者的权益。大数据“杀熟”，既消耗了用户对线上消费的忠诚度，也打乱了线上消费节奏，扰乱了电商大数据的获取，给商业带来潜在的损失。此外，还会影响新零售中用户对大数据这个工具的态度，造成严重的不良影响。

对大数据“杀熟”不能宽容。但目前对大数据“杀熟”等价格歧视行为，依据现有法律，仍难以对相关商家进行相应处罚。而且，扼制大数据“杀熟”现象还存在技术难题。因为基于大数据技术，针对不同的人，甚至针对同一个人在不同时间点的价格都不一样，随时处在动态变化中。对于普通消费者而言，取证很难。对于物价管理部门而言，也须具备极强的数据实时抓取能力。

健康有序的市场经济，既需要商业伦理，更离不开法律规范。相关部门特别是价格管理部门宜对大数据“杀熟”现象进行研究，出台相应的法律法规规范企业经营行为，维护消费者合法权益。

除了完善相关法律法规，对商家在挖掘消费者数据的过程中是否存在违规行为也需要调查和认定，一旦触及法律“红线”当依法查处。此外，还应建立大数据方面的黑名单，将利用大数据“杀熟”的商家列入黑名单，在税收优惠、财政补贴、政府采购等方面给予惩罚性限制。让大数据服务晒在阳光之下，筑牢商业竞争底线。

“黑科技”不能一黑到底

“你要的样子我都有”“男人瞬间变女人，毫无违和感”“用朋友圈视频就可换脸”……随着AI（人工智能）技术的发展，视频换脸技术门槛降低，普通人也能制作换脸视频。更有甚者，公开售卖换脸色情视频。

视频中的人物被换脸后，几乎能“以假乱真”，有网友评论其为“AI画皮”“有图未必有真相”“细思极恐”。

作为未来科技新方向，被称为“黑科技”的人工智能除了可以“换脸”，目前已拥有众多应用，比如AI汽车驾驶、服务类机器人等。

这些技术在给人们带来极大助力的同时，也在法律关系、道德伦理、社会治理等方面为人类社会带来了新挑战。放任不管将纵容高科技作恶，而过度监管又会扼杀科技创新发展。防止“黑科技”一黑到底，平衡好监管与创新的关系，是一大难题。

人工智能归根到底是一项技术，对于人工智能的治理终究要回到人自身。

宜加快人工智能伦理的制度化建设，完善人工智能发展的法治保障。一方面，行业主管部门可以与行业主体、学术团体、社会公众等利益相关方合作，制定相关伦理准则，并支持行业自律，包括建立伦理审查制度、成立自律组织、制定行业标准等。从制度上为人工智能研发划定禁区、明确边界、树立底线，明确科研人员的社会责任，为其职业规范提供遵循。

另一方面，鼓励企业在产品设计和业务运营中贯彻人工智能伦理原则，不能碰禁区，从技术层面做好人工智能的道德预设；做好人工智能技术、产品的伦理审查，探索解决实践中产生的人工智能伦理新问题，共享行业经验，实现人工智能技术和伦理的协同发展。

此外，还宜探索制定人工智能应用的法律框架，严厉打击与人工智能相关的新型犯罪。

激发城乡融合发展活力

乡村衰则国家衰，乡村兴则国家兴。

中国乡村有5.6亿多的常住人口，确保这个最广庞大人群踏上现代化，是中国进入现代化国家的必答题。

2019年5月5日，《中共中央国务院关于建立健全城乡融合发展体制机制和政策体系的意见》发布。这份城乡融合发展的纲领性文件，清晰勾勒出了中国乡村走向现代化的时间表和路线图。

改革开放特别是党的十八大以来，中国在统筹城乡发展、推进新型城镇化方面取得了显著进展，但无论是基础设施、村庄布局、生态环境等硬环境，还是村庄治理方式、乡村文化保护和传承等软环境，乡村在这些方面与城市存在较大差距。

造成这一巨大差距的重要原因，主要是城乡要素流动不顺畅和交换不均衡，公共资源配置偏重城市，城市投资力度和服务水平远高于乡村，城镇公共资源缺乏向乡村扩散的有效途径，贫困地区农民获取城镇公共服务所需的时间和经济成本较高。

乡村与城镇发展相割裂，仅在乡村本土解决生存性、发展性贫困问题，将面临乡村禀赋和政策空间的双重制约。而从“统筹城乡发展”到“城乡经济社会发展一体化”，再到“城乡融合发展”，是中国经济社会发展战略的进一步深化。

实现城乡融合发展，需要强化政府责任，动员全社会共同参与，构建政府、市场、社会协同推进的城乡融合发展参与机制。

土地、劳动力、资本等是决定农村发展的关键要素。激活城乡融合发展活力，需要健全乡村生产要素配置机制，促进城乡要素双向流动，形成工农互促、城乡互补、全面融合、共同繁荣的新型工农城乡关系。

激发城乡融合发展活力，要健全乡村土地要素配置机制。土地制度改革，破除的是城乡二元中最基础的桎梏。城乡能量在土地制度改革中双向引爆，成为城乡融合中最重要的一环。

一是改革完善农村承包地制度。完善农村承包地“三权分置”制度，在依法保护集体所有权和农户承包权前提下，平等保护并进一步放活土地经营权。健全土地流转规范管理制度，强化规模经营管理服务，允许土地经营权入股从事农业产业化经营。

二是稳慎改革农村宅基地制度。探索宅基地所有权、资格权、使用权“三权分置”，落实宅基地集体所有权，保障宅基地农户资格权和农民房屋财产权，适度放活宅基地和农民房屋使用权。鼓励农村集体经济组织及其成员盘活利用闲置宅基地和闲置房屋。在符合规划、用途管制和尊重农民意愿前提下，允许县级政府优化村庄用地布局，有效利用乡村零星分散存量建设用地。

三是建立集体经营性建设用地入市制度。按照国家统一部署，在符合国土空间规划、用途管制和依法取得前提下，允许农村集体经营性建设用地入市，允许就地入市或异地调整入市；允许村集体在农民自愿前提下，依法把有偿收回的闲置宅基地、废弃的集体公益性建设用地转变为集体经营性建设用地入市；推动城中村、城边村、村级工业园等可连片开发区域土地依法合规整治入市；推进集体经营性建设用地使用权和地上建筑物所有权房地一体、分割转让。完善农村土地征收制度，缩小征地范围，规范征地程序，维护被征地农民和农民集体权益。

激发城乡融合发展活力，要健全农村劳动力要素配置机制。制定财政、金融、社会保障等激励政策，吸引各类人才返乡入乡创业。鼓励原籍普通高校和职业院校毕业生、外出农民工及经商人员回乡创业兴业。推进大学生村官与选调生工作衔接，鼓励引导高校毕业生到村任职、扎根基层、发挥作用。

建立城乡人才合作交流机制，探索通过岗编适度分离等多种方式，推进城市教科文卫体等工作人员定期服务乡村。推动职称评定、工资待遇等向乡村教师、医生倾斜，优化乡村教师、医生中高级岗位结构比例。引导规划、建筑、园林等设计人员入乡。允许农村集体经济组织探索人才加入机制，吸引人才、留住人才。

激发城乡融合发展活力，健全乡村资本要素配置机制。深化“放管服”改革，强化法律规划政策指导和诚信建设，打造法治化便利化基层营商环境，稳定市场主体预期，引导工商资本为城乡融合发展提供资金、产业、技术等支持。完善融资贷款和配套设施建设补助等政策，鼓励工商资本投资适合产业化规模化集约化经营的农业领域。

通过政府购买服务等方式，支持社会力量进入乡村生活性服务业。支持城市搭建城中村改造合作平台，探索在政府引导下工商资本与村集体合作共赢模式，发展壮大村级集体经济。建立工商资本租赁农地监管和风险防范机制，严守耕地保护红线，确保农地农用，防止农村集体产权和农民合法利益受到侵害。

严打电商失信须出“组合拳”

2018年5月，国家发展改革委、工业和信息化部等八部门联合发布《关于加强对电子商务领域失信问题专项治理工作的通知》要求严厉打击整治电子商务领域违法失信行为，鼓励在已有的限制新设立账户等13项联合惩戒措施基础上，结合地方实际，创新制定联合惩戒措施，刷单炒信电商主体将入失信“黑名单”。

根据中国互联网络信息中心（CNNIC）第41次《中国互联网络发展状况统计报告》，截至2017年12月，我国网民规模达7.72亿，网民在线下消费使用手机网上支付比例由2016年底的50.3%提升至65.5%。同时，电子商务伴随着技术进步迅速发展，并由城市发展至农村，农村地区网民使用线下手机支付的比例已由2016年底的31.7%提升至47.1%。

但遗憾的是，随着网络经济飞速发展，电子商务席卷全球，于是我们看到了各种形式电商出现，网络成为商务的媒介，信用、诚信危机成为网络经济发展的屏障，网络经济充斥着谎言、虚假、陷阱、骗局。

尽管近年来我国对于电商领域违法失信行为的惩戒逐步“加码”。然而，电商违法失信行为也在不断“升级”之中。以刷单炒信行为为例，从过去直接对销量刷单，到如今的雇“水军”写测评，一些店家以更隐蔽的方式实现了更真实的“自我美化”，俨然形成了产业化的利益链条。电商失信行为，具有违法成本低、隐蔽性强、取证难等特点。对于很多商家来说，被惩处只是小概率事件，大不了换个形式再上阵，因此违法失信行为屡禁不止。

严打电商失信须出“组合拳”。市场经济的稳定健康发展需要法律作保障，电子商务也不例外。此次八部门联合发通知，从制度层面上强化监管，来得正是时候。通知明确指出要提高失信成本，加大专项治理对象联合惩戒力度，想必电商们再怎么抱侥幸心理，在大力惩治面前，也会有所收敛。

加大对电子商务领域违法失信行为的严厉打击和整治，必须从源头着力，提高违法失信成本，让那些惯用违法失信行为谋取不当商业利益的商家为自己的违法失信行为埋单，并努力推动构建以信用为核心的市场监管体系，精准监控、机制跟进，重拳出击，并加大信息公示力度。

只有让失信者寸步难行，唤起守信受益、失信受惩的社会共识，才能促进“互联网＋”和“大众创业、万众创新”健康发展。

征信为何要“牛刀杀鸡”

最近一段时间以来，一些地方在建设和使用征信系统时，给人留下“牛刀杀鸡”的感觉。比如地铁霸座不听劝阻、乱扔垃圾不听劝阻等，都有可能被纳入“失信”行为。

这些“小事”为什么要动用征信“大杀器”？还在于社会治理手段不足，政策不精细，针对性不到位。

高铁霸座、乱扔垃圾、人行横道上闯红灯等，这些破坏规矩的小错，居民烦恼，长期是城市治理难题。针对这些，管理者可以有更多元的手段。

比如针对行人闯红灯过马路，某城市曾在上下班高峰将交警大量派上路面，百分百罚款，不到十天市民遵守交规的意识就大大提高，此后长期抽查，市民迅速养成新习惯，路面规矩为之一变。比如针对地铁霸座、乱扔垃圾等，可以充分授权现场执法，以手机APP收取高额罚款的方式加以提醒。

集中治理、高额度惩戒、经常抽查，可以很快地在不良习惯者心里打下深刻烙印，帮助社会风气迅速养成。难在城市管理者需要集中投入力量，也需要有执法权的部门之间政策上联动，技术上完善。这里的难点主要在精准施策，下足功夫。

现代化的城市治理管理需求极为多元，需要政策分层，有足够的精细度去解决不同的问题。政策投入不足，就容易处理问题简单化，比如对不论大小问题都动用征信“大杀器”，此时解决问题的成本降低了，效果也会有。

但值得担心的是，一旦形成用“大杀器”解决各类城市管理大小问题的管理模式，各种鸡毛蒜皮的小事层出不穷，而征信影响短期难以消除，最终普通市民乃至征信系统都有可能不堪重负。

“提速降费”助推数字中国升级

2018年政府工作报告提出，加大网络提速降费力度，实现高速宽带城乡全覆盖，扩大公共场所免费上网范围，明显降低家庭宽带、企业宽带和专线使用费，取消流量“漫游”费，移动网络流量资费年内至少降低30%。3月6日，工信部表示将在2018年7月1日前取消流量漫游费。

近年来，运营商在政府主导下进行了提速不提价、流量不清零、取消通话语音长途和漫游费等多项降费措施。2018年政府工作报告再次聚焦提速降费，并明确提出取消流量漫游费，是对提速降费的继续深化。

在智能手机时代，相比于通话长途漫游费，公众更在乎流量漫游费。如今，社会流动性不断增强，公众的活动半径越来越大，流量漫游费的取消，对绝大部分用户而言，是一个重大的利好消息，意味着用户出行时更为方便、话费支出更少，在移动互联网和智能手机上享受更大的便利。

截至目前，国内三大运营商的流量分为本地流量（通常以省为单位）和国内通用流量，价格基本也是依次递增，两种流量不能切换。在本地之外“漫游”时，用户可能面临即便本地流量仍未用完，但全国流量不够的话，仍需要重新购买的情况。因此，取消流量漫游费对用户无疑是一个利好。

据工信部披露，2017年手机上网流量平均资费已经降至26元/GB。如果流量漫游费取消，再加上移动网络流量资费年内至少降低30%，用户人均在流量上的花费，相比26元/GB可以降低不少。

提速降费，不仅为广大用户带来了实惠，同时也为数字中国升级注入了强大驱动力。

工信部发布的《2017年通信业统计公报》显示，2017年，全年月户均移动互联网接入流量达到1775MB/月/户，是上年的2.3倍，12月当月户均接入流量高达2752MB/月/户。手机上网流量达到235亿GB，比上年增长179%，在移动互联网总流量中占95.6%，是推动移动互联网流量高速增长主要因素。

过去几年，中国移动通信业实现快速发展，稳居世界第一网络大国地位。提速降费释放了手机用户群体的数字消费需求。根据规划，中国预计2020年全面实现5G商用。在即将到来的5G时代，提速降费将进一步激发5G“万物互联”的巨大潜力，中国也将全面开启数字经济新时代。

无论是取消流量漫游费，还是降低流量资费，都倒逼着中国通信行业转型升级。对于运营商而言，如何优化公司治理、提升服务质量，用口碑来争取用户，是更为重要的课题。

警惕“僵尸政策”消解改革红利

明明是好政策，出台多年却未能落地执行，企业无法享受政策红利且投诉无门……近年来，有些地方出台了很多支持实体经济发展、降低企业成本的好政策，但部分政策尽管已出台多年，却因“先天不足”“后天失调”，一直处于“休眠”状态，沦为“僵尸政策”。

“抓落实”和“真抓实干”是不少领导干部讲话、红头文件中的高频词。可现实中，在一些地方的一些干部那里，“抓落实”仅仅是抓在嘴上，“真抓实干”也仅仅是纸上谈兵——以会议落实会议，以文件落实文件，以讲话落实讲话，浓浓的“仪式感”背后，是典型的官僚主义和形式主义。

已经出台的政策，之所以出现“休眠”甚至是“僵尸”状态，是因为有的政策只勾勒出大框架，缺乏具体操作的实施细则；有的地方政策则与其他政策相矛盾，或者没有厘清相互之间的关系。在中央简政放权的背景下，还有些地方仍不愿意放弃现实的利益，于是在出台某些政策后，又将其束之高阁。

当前，中国改革进入深水区，全面深化改革的艰巨性日益凸显，进一步则海阔天空，此时尤其需要警惕“僵尸政策”障碍消解改革红利。

唤醒沉睡的“僵尸政策”，既是企业家的心声，也是将改革向纵深推进的必然要求。要打通顶层设计与基层落实的最后一公里，需要各级政府梳理并找准症结所在，对症下药予以治理。在制定政策时深入调研，急群众之所急，急企业之所急，在落实政策时狠抓执行、强问责，让每一项政策都能善始善终、善作善成。

当下之计，一方面各级政府应对已成为“僵尸”的政策予以清理整顿，对因脱离实际而无法落地的政策予以废除，对缺少配套政策和实施细则的政策，通过制定实施细则、出台详细的解释和标准、明确牵头管理部门等方式推动其落地执行。要发扬钉钉子精神，推进政策的执行和落实，还要建立责任追究机制，倒逼责任部门严格履职，让好政策真正惠及企业，促进经济发展。

另一方面，要从中切实汲取教训，比如政策是要指导实践的，既不能一味推脱，也不能随意而为。落实中央精神必须求真务实，而不能搪塞应付。问题导向应该贯穿制定、落实、完善政策的全过程，而不能只是沦为表态式政策跟进。

“戒烟药纳入医保”可以有

2018年5月，深圳市启动“无烟城市”项目，拟在2020年前，将15岁以上人群吸烟率维持在20%以下。根据《深圳市建设“无烟城市”实施方案》，2018年12月前，各区人民医院要全部开设规范的戒烟门诊，所有社康中心普及简短戒烟干预服务。《方案》还提出，要探索将戒烟药物纳入医保目录。

长时间以来，不少地方开展了控烟行动。公共场所禁烟，烟盒上印着“吸烟有害健康”的字样，都是为了保障人民群众的身心健康。然而，控烟行动开展了很多年，人们也知道吸烟有害健康，但吸烟趋势并没有得到有效控制。

吸烟危害健康已是众所周知的事实。全世界每年因吸烟死亡人数达到250万多人，烟是人类第一杀手。资料显示，我国目前有超过3亿的吸烟者，不吸烟人口中有7.6亿人每天暴露在二手烟环境中。以此来看，控烟、禁烟堪称是较为紧迫的公共医疗事务。更主要的是，围绕着吸烟与戒烟，还有庞大的暴露于二手烟环境中的群体，成功戒烟，即意味着更多的人受益。

吸烟作为重要的公共卫生和医疗保健问题，近年来得到了越来越多的关注。早在2012年上半年，原卫生部有关负责人就曾表示：将通过深化医改为控烟助力，逐步把戒烟咨询和药物纳入基本医保。在2018年全国两会上，全国政协委员、北京协和医学院校长王辰院士再次呼吁，普遍设立戒烟门诊，将戒烟药纳入医保。此次深圳创新地开设戒烟门诊、将戒烟药物纳入医保，这种真金白银的医保投入，说明深圳控烟不是喊喊口号、做做样子。

在医保资金的使用效率上，将戒烟药物纳入报销范畴，或许比治疗因吸烟与被动吸二手烟所致的疾病所需费用，要少得多——而这些因烟导致的疾病的治疗，基本都纳入了医保。换言之，将戒烟药物纳入医保，其实是在节约医保资金。

以此出发，作为特区的深圳，其相关探索是值得支持的，一方面，通过开设规范的戒烟门诊和戒烟药物纳入医保，为专业戒烟提供了有效支持与保障；另一方面，也为“烟草依赖是一种慢性病”作了科普宣传，降低了青少年加入烟民群体的可能。戒烟药入医保，在国外早已不鲜见，在国内确需有先行者试水。

当然，我们还必须看到，控烟乃至禁烟是一项复杂的系统工程，涉及法律制定、执行、监督、教育等多个环节。而通过各种戒烟服务来降低吸烟率，无疑也是至关重要的一环，可以对香烟污染起到釜底抽薪的效果。

“幼升小”致“离婚热”政策难辞其咎

“平时也就五六对，前天我们办了18对”2018年7月4日，河北省石家庄市裕华区婚姻登记处一位工作人员说起最近扎堆离婚的现象时坦言，“这两天离婚的人比平常多不少，有人说是为了孩子上学，别的我们也不好多问。”据了解，石家庄一些教育主管部门和学校这期间在执行“幼升小”政策时要求：父母和孩子3个人的户口必须在一处才能上片内学校，否则只能接受调剂。为了孩子在片内入学，一些夫妻二人中有一方户口没在片内的，为此去办了离婚手续。

相比此前其他许多我们熟悉的，为谋取某种物质利益而“钻空子”的假离婚现象，如为了买多套房、获取更多拆迁补偿等，上述这些夫妻之所以“扎堆离婚”，事实上完全都是“为了孩子”。而这样一种“一切为了孩子”的父母之心，即便确属“钻政策空子”，从一般人情人性来看，显然难以苛责。

为了孩子在“幼升小”中成功进入更近更好的学校，父母不惜去办假离婚，并由此在当地形成“离婚热”。出现此情况，政策只是表层的问题，其背后更深层次的则是教育资源分配不均衡问题，是因为优质的教育资源短缺所引发的社会怪现象。但是，即使囿于生源与招生名额的不对等，也不宜将“父母子女户籍同在一处”作为孩子上片区学校的强制性条件，否则容易产生错误导向。

从社会现实层面来看，相关教育部门制定政策确实是有某种苦衷和无奈的，如“片区内孩子太多，容纳数量有限，不得不采取这样‘极端’的措施。”但同样必须意识到的是，要想根本解决教育资源的公平分配问题，仅靠在“户籍、婚姻关系”等问题上做文章、制定各种“限”字当头的“幼升小”政策，实际上又是远远不够、“治标不治本”的。

无论怎么说，一个逼迫家长离婚换孩子入学资格的政策，都难以称得上是好政策。因为，这已经相当于是公共政策在诱导离婚，在该政策出台之前，社会对此的“应对”做法其实完全是可以预料到的。

孩子入学，要学习的人生第一课就是诚信。不知，目睹父母假离婚的同学，会在心灵上受到怎样的冲击？

面对社会治理难题，当地教育主管部门有必要放弃“头痛医头、脚痛医脚”思维，而要寻找根本的解决之道。解决教育资源的短缺与失衡，治本之策应是逐步做大蛋糕。不可否认，做大教育资源的蛋糕没那么容易，但并非无解，是可以在循序渐进的创新探索中看到希望的。同时，用先进的教育理念寻求科学合理的教育资源分配路径，应是未来各地教育部门需要思考的主要问题。

“昆山砍人案”撤案传递多重价值

2018年9月1日，引发舆论广泛关注的江苏昆山交通纠纷引发砍人致死案有了处理结果。江苏省昆山市公安局、昆山市人民检察院发布通报，认定于海明的行为属于正当防卫，不负刑事责任。

此前的2018年8月27日，江苏昆山，宝马车驾驶人刘海龙与自行车车主于海明因交通问题发生冲突。刘海龙随即对于海明拳打脚踢，并持刀砍向于海明，随后，刀被于海明拿走并对其追砍。最终，刘海龙抢救无效死亡。

“昆山反杀案”，在公众的焦急期待当中，等来了处理结果。回顾案发之初，虽然多数人对于于海明的行为判断呈现出一边倒的肯定态势，但对该案最终的司法走向还是心存疑虑。如今，于海明案向公众昭示了正当防卫制度的生命力，捍卫了法治，振奋了人心。特别是，此案的处理结果，以及及时且入情入理的解读，不但让人信服也让人提气。就事情的前因后果看，此次认定于海明属正当防卫，看点不仅仅是案件本身，已然被赋予了更多的价值导向。

刑法中的正当防卫主要包含两个条件，一个是针对正在进行的不法侵害所实施的自卫或者说反击行为，第二个就是没有明显超过必要限度，造成重大损害，如果满足了这两个条件，因而致不法侵害人死伤的，不认为是犯罪，不负刑事责任。除以上我国刑法对“一般正当防卫”的规定外，另外还有一个“特殊正当防卫”，也称“无限防卫”。我国刑法第二十条第三款规定：对正在进行行凶、杀人、抢劫、强奸、绑架以及其他严重危及人身安全的暴力犯罪，采取防卫行为，造成不法侵害人伤亡的，不属于防卫过当，不负刑事责任。

一个基本观点是不能向不法退让，不能要求正义向非正义低头让步，这样才能制止不法侵害。不法侵害少了，引起的防卫也就少了。所以，源头应归咎于谁率先实施不法侵害，而不是对不法侵害的反击。反击越多，遭受的不法侵害越少，越有利于解决、消除相关社会问题。

长期以来，有关方面在认定受害人正当防卫的问题上，似乎显得有些保守，起码是在社会的观感上有这样的倾向，使得正当防卫权的彰显受到一定影响，此次事件是我国法治水平的一次进步。

此案的处理结果，在最大限度保障社会正义的同时，也为各级司法机关以后办理此类案件提供了示范。于海明案向公众昭示了正当防卫制度的生命力，由此可以信赖正当防卫将是不法侵害行为的第一道合法防线。这是对刑法一般预防意义的最好阐释，也是于海明案之于中国刑事司法的第一个重大意义。于海明案对不法侵害的认定，无论是在判断方法，还是判断素材的选择上，都是值得以后办理类似案件的司法者学习和借鉴的。刑法的规定没有变，司法者对法律规范的认识理解在逐步健全完善，这是于海明案之于中国刑事司法的第二个重大意义。

此案公众关注点，关键是在不法行为面前，合法权利该如何保障。以事实为依据，以法律为准绳，此案结果倡导了法治思维，提升了社会法治意识。

昆山司法机关做出的这一认定是非常有法律意义的，不仅符合社会正义感、判断果断利落，而且对全国做出了示范作用，有效防范了小争议中可能发生的大侵害，如果再有人因为小冲突想挥刀砍人，就会首先想到可能遭遇反杀，就会停止大的侵害行为。

“昆山反杀案”的处理结果可以说实现了法律效果和社会效果的统一，成为全民共享的法治公开课，也有利于促使各级公安司法机关正确认识特殊正当防卫制度的立法初衷和制度功能，从而改变以前对正当防卫认定过严的问题，鼓励人们在面对严重暴力犯罪时勇敢地进行正当防卫，制止违法犯罪，保护自己、他人以及国家、社会公共利益，弘扬中华民族自古以来惩恶扬善的美德。

科技“放管服”有利于释放创新活力

国务院2018年7月24日印发《关于优化科研管理提升科研绩效若干措施的通知》，旨在建立完善以信任为前提的科研管理机制，减轻科研人员负担，充分释放创新活力。

此次印发的通知要求进一步精简科研项目申报，减少不必要的申报材料，推行“材料一次报送”制度，同时避免在同一年度对同一项目重复检查、多头检查，有的放矢的举措打出政策“组合拳”，能进一步减轻科研人员负担，激励广大科研人员多出高水平成果。

在以往的科研工作中，一些不合理规定如同一张无形的“网”，让不少科研人员的时间和精力浪费在了“盖章、填表、报材料”等琐碎的杂务上。通过出台若干措施，开展“唯论文、唯职称、唯学历”问题集中清理，不将人才“帽子”同物质利益直接挂钩；加大对承担国家关键领域核心技术攻关任务科研人员的薪酬激励，开展扩大科研经费使用自主权试点……一些科技界饱受诟病的“堵点”“痛点”有望得到进一步解决。

若干措施坚持刀刃向内、从政府自身改起，体现服务意识；明确执行主体和实施对象，做到可操作、可考核、可检验。

科技领域的“放管服”，必将有利于释放创新活力，有利于推动建立创新型国家。推动全要素生产率进一步上升，最终须依赖科学技术的创新突破。

对于基础科研，通过改革科技管理制度，下放人财物支配权和技术路线决策权，并优化薪酬制度与奖励措施，以推动引领性、突破性成果的涌现。

对于成果转化，一方面将科技成果所有权和长期使用权赋予科研人员，建立以企业为主体、市场为导向、产学研深度融合的技术创新体系，有助于科技成果的市场化应用；另一方面发展多层次资本市场，支持科创型企业成长。

为科研人员松绑减负，要进一步营造良好的政策环境与制度环境。在经费分配和科研项目管理方面可以借鉴美国的“同行评价”模式，加强对项目的内部竞争、事前筛选和事后评估，确保经费得到高效利用。此外，要建立多层次、多元化的产学研协作体系，促进科研成果转化。

不能让层层转包侵害民生工程

青岛地铁1号线外部电力管道配套工程施工方自曝工程质量存在问题，一度引发社会关注。2019年6月29日和6月30日，青岛地铁集团有限公司先后发布调查结果称，该项目总承包方中国葛洲坝集团电力有限责任公司涉嫌违法分包行为，将其列入青岛地铁工程建设黑名单，并扣罚葛洲坝电力违约金100万元。

葛洲坝电力却就此事发布公告称，不存在违法分包问题，但作为总承包方，葛洲坝电力存在履约过程管控不严、分包项目质量监测不到位等项目管理不善的问题。

梳理媒体报道可知，从葛洲坝电力到青岛远望，该工程中间经过多次倒手，后因中间人“酬金”纠纷以及担心安全事故责任等原因，青岛远望负责人刘飞云举报自己在施工中偷工减料。

该项目存在多层分包，已是不争事实，这并非葛洲坝电力一句“管理不善”就能搪塞。

青岛地铁的质量问题，由于施工方“自我举报”，成为不幸中的万幸。但全国还有多少类似工程不为人所知?

中标的大企业、赚差价的中间商、有门路的中间人、实地干活的施工方……近年来，一些重大工程被多次转包、层层分包，早已达成了某种默契和行规，“见者有份，互不揭发”。

但青岛地铁暴露的问题清楚地表明，无论是基于逻辑、现实还是人性，这样的“食物链”都不可持续——工程经过层层“扒皮”，最终接盘者发现利润太薄或没有利润空间，便会大量雇用无技术、无资质人员充当技术工人上岗、使用低价劣质原材料、赶工期、偷工减料，致使工程质量难以得到保证。

每一项工程尤其重点工程，都关乎百年大计、关乎百姓生命财产安全，容不得半点马虎。

一方面，我国法律对层层转包早有明确界定，有关部门宜严格依规执法。在工程施工中加强全程监督管理，坚决斩断管理者和承包者的利益链，加大对工程非法转包行为的打击处罚力度。另一方面，对那些利用职权插手干预工程建设，索贿受贿或为虚假招标、层层转包提供便利条件的领导干部，一经发现，当一查到底。

村医不能走

2019年7月初，“河南省通许县朱砂镇36位村医集体辞职”引发热议。村医们在辞职信里说：“我们工作压力越来越大，上级拨款越来越多，到村医手里的钱越来越少，工资发放不到位，上级层层克扣，现在我们村医已经生活不能自理。”

一波未平，一波又起。7月7日，同样是通许县，网络上又新曝出一份该县“大岗李乡全体乡村医生辞职报告”，这份报告中有28名村医集中签字并按下手印。该辞职报告内容与朱砂镇36名村医辞职报告内容一致，仅抬头、落款更换为“大岗李乡全体乡医”。

7月8日，通许县公布了“调查通报”，大意是“补助金拨付有迟延，克扣情况不存在”，此外使用了“不属实”等肯定性的措辞，大量否定了涉事医生的有关举报。但很显然，此事的影响，早就超出了通许县所能掌控的范畴。无论是开封市卫健委宣布对此事介入调查，还是后来国家卫健委“要求河南卫健委核实情况”，实则都是基于一个共同的判断：当地的自查自证，并无公信。

村医是村民健康的“守门人”。在新时代，落实预防为主、防治结合的卫生健康工作方针，散居在广大农村地区尤其是偏远落后地区的村医，其作用仍不可或缺，他们是发展农村医疗事业、改善农村医疗水平的中坚力量。而倘若一个村的村医集体辞职，乡村医疗机构则可能面临“停摆”，村民将可能陷入无医可治的困境，进而造成更严重的社会后果。

此次乡村医生集体辞职事件，也把他们工作生活的另一面呈现了出来，

“工作压力越来越大”“上级拨款越来越多，到村医手里的钱越来越少，工资发放不到位，上级层层克扣”“有的村医‘生活不能自理’”等。虽然该县通报否定了所说的绝大多数问题，但也承认有关部门在拨付基本公共卫生服务项目补助等资金方面存在迟延，影响了基层卫生工作的顺利开展。

由于乡村医生的主要工作场所在乡镇卫生院、村卫生室，在很多人眼中，这都是不被信任的医疗机构，是医疗技术和医疗设备落后的机构。由此导致的结果就是，患者对乡村医生缺乏信任，不愿意找乡村医生看病。另一方面，乡村医生付出的辛劳和心血多，工作条件和环境相对较差，工资水平也不如城镇里的医师高。这些现实落差使得很多医生不愿意做乡村医生。

村医集体辞职事件折射出了乡村医生执业困境。研究解决这这个问题，宜速不宜迟，既需要通过县乡村一体化等改革措施，实现村医队伍的保障、稳定乃至提档升级，也需要在落实好现有政策的基础上，鼓励各地拿出更多向基层倾斜、满足村医合理诉求的好办法。

分红式扶贫应向除穷根升级

帮扶单位购买种牛种羊，交由企业或合作社集中管理，贫困群众全程不参与，坐等年底分红；小额扶贫信贷，钱不给贫困群众，统一交由企业使用，贫困群众定期领利息……一些地方类似的分红式扶贫，确实能促进贫困群众增收，却难除穷根。

脱贫攻坚难，除了要调查贫困群众的贫困情况，还要分析致贫原因，精准施策。为了尽快让贫困群众脱贫，甚至要精确到“一户一策”，以确保精准脱贫。

一些地方的分红式扶贫，看似简单易行，贫困群众不用投入精力与财力，就可干吃净捞。但从长远来看，这种做法无法让贫困群众提高自我发展能力，与通过产业扶贫激发贫困群众内生动力的初衷相违背，易助长一些贫困群众“坐享其成”的心理。

更何况，这种分红式扶贫的可持续性也难以保证。一旦企业或合作经营出现问题停止分红，受助群众很可能再次返贫。

贫困群众既是脱贫攻坚的对象，更是脱贫致富的主体，贫困群众的积极参与才是精准扶贫成功的关键。真正的扶贫是要“授人以渔”，既要让贫困群众在短期内增收得实惠，更要建立起长效脱贫机制。

这就要求分红式扶贫须向除穷根升级。一方面，加强对入股式扶贫的本金管理，未雨绸缪提前立规，让签约期限到期后对本金的处理有明确依据，避免驻村工作队撤走后，本金出现流失情形；所建设的有固定收益的扶贫项目，脱贫攻坚结束后收益分配也应给予规范。

另一方面，还宜以实地指导、技术培训等多种形式，让贫困群众掌握致富技能，能够借助分红产业获得工资性收入，让扶贫产业健康发展，阻断贫困发生。

大气污染严重反弹根在作风反弹

生态环境部部长李干杰2019年7月30日指出，今年以来，部分城市大气污染严重反弹，尤其是非重点区域问题凸显，大气污染防治工作形势依然十分严峻。

这再次为我们敲响了环保警钟。以往经验表明，大气污染严重反弹根在作风反弹。各地不妨反思一下，在蓝天保卫战中，有没有工作不严不细不实的问题？有没有理念滞后造成工作滞后的问题？有没有手段落后、合力不足的问题？

针对大气污染严重反弹的情况，各地有必要深入调研找准症结、补足短板、精准施策，并严格按照环境保护“党政同责、一岗双责、失职追责”的要求，对不认真履行环保责任的部门、企业、人员，坚持重典治乱、铁规治污，做到及时追责、顶格处罚，不能“问而不责、罚而不改”，尽快扭转大气污染严重反弹的局面。

治污犹如逆水行舟，不进则退，更需久久为功。近年来，各地治污力度不断升级，环境空气质量持续改善，但由于社会生产和生活方式没有根本改变，环境空气质量改善不可能一蹴而就，或者说仍不能获得人民群众的满意，还有不少难关要过，还有不少硬骨头要啃，还有不少顽瘴痼疾要治，稍有松懈就有可能出现反复。

正所谓“病来如山倒，病去如抽丝”，大气污染严重反弹提醒我们，当下治污工作，已从过去短平快的工程性减排模式，转为向精细管理要成效的新阶段，呈现出见效慢、见效难的特点。

大气污染已成为中国社会发展的瓶颈问题之一，要使其不断改善且不出现严重反弹，须尽快突破瓶颈，让环境改善成为地方经济升级的引擎，而不是成为地方发展的“包袱”。

鉴于此，宜用环保压力倒逼企业转型升级，把转方式、调结构作为防治大气污染的治本之策。企业治污的外部压力一旦转化为转型的内部动力，治污和发展二者就产生了契合点，环境保护与经济发展良性互动的关系就会逐步确立，拥有蓝天将不是奢望。

众筹平台要摆脱“悲情营销”

“何春元踩着晃悠悠的岩石，费力拽着藤蔓，背回家后切断、晾干，赶集时拿去集市上卖，半个月加起来能卖150元左右，顶多能给患有血癌的孙子买1粒药……”2019年9月上旬，一组七旬爷爷“采药救孙”的图文故事引发关注。不少网友感动之余，慷慨解囊相助。

其实，何春元早已不上山采药，也并非在孙子患病后专门去悬崖“淘金”。故事为推手所改编，照片也是应推手指挥摆拍而得。无论推手是为了提取10%的管理费，还是真的为了帮助困难家庭筹款，这种编故事卖惨的做法，实属欺诈。

信任源于真实。推手在众筹平台搞虚假“悲情营销”，能产生短期效应，但长此以往，必然会陷入比拼“编剧”和“导演”的恶性竞争，平台公信力透支，求助者和爱心人士也将是受害者。

虚假“悲情营销”，归根结底是众筹平台审核不严。求助者只要关注众筹平台公众号，点击“发起项目”按键，再按照提示的步骤填写发起众筹的原因、目的、病人病情介绍，之后上传病人身份证、医院诊断证明、缴费单据等相关证明，便可以进行资金众筹。仅凭普通公众认知，根本无法对这些材料进行辨别。

众筹平台要摆脱虚假“悲情营销”，需要线上线下相结合，做好审核。健全事前审查、提款公示、在线举报等功能，在筹款发起、传播、提现等整个过程中，借助社交网络传播验证、第三方数据验证、大数据、舆情监控等技术和手段进行动态监控。

不可行性论证是最好的可行性论证

多年来，各级政府部门在进行重大决策前，大多都有可行性论证。但在实施过程中，却往往仍会出现问题，一些决策难以顺利推进，甚至出现夭折。

何以如此？一个重要原因，就是这些政府部门只重视可行性论证，对不可行性论证重视不足。

可行性论证侧重的是“可行”，是研究寻找“行”的论据和理由，因此，有可能将必需的条件看成已具备的条件，将决策的风险淡化、弱化。

不可行性论证侧重的是哪里“不行”，找出症结，评估和预判可能产生的后果，提出克服“不行”的建议与措施，或直接将决策予以否定，提供一个更广阔的思路，客观的视角有助于减少决策一厢情愿与失误。

凡事预则立，不预则废。“预”的过程应全面涵盖可行性与不可行性。在作出重大决策前，通过“对”与“错”的交锋辩论，“利”与“弊”的比较权衡，集思广益，集中民智，听取各方面意见尤其是反对意见，能使决策更趋于科学、合理。

不同声音、不同意见不一定就是正确的，有时甚至可能完全错误，但它有利于不断修正和完善决策，从而找到最佳途径。所以，应该把不可行性论证纳入政府的重大决策过程之中。

各级政府部门在对重大决策进行可行性论证时，有必要同时进行不可行性论证，使不可行性论证成为决策者的自觉行动和必经运作流程。这需要建立完善社情民意反映、咨询评估、公示听证、重大决策执行追踪、决策失误责任追究等相应的配套制度，逐步完善，以此保障民主决策的制度落地生根。

整治景观过度亮化要敢于“撕面子”

近日，中央“不忘初心、牢记使命”主题教育领导小组要求把整治“景观亮化工程”过度化等“政绩工程”“面子工程”问题纳入主题教育专项整治内容，认真整改规范，加强督促指导，从严从实抓好整治工作。

现代城市景观工程，不仅让人赏心悦目，也提升城市品位、吸引旅游消费。但一些地方脱离实际、盲目兴建景观“亮化”设施，某些“不夜城”成了劳民伤财的“政绩工程”“面子工程”。一些贫困地区或欠发达地区，甚至无视财政捉襟见肘、民生艰难，大规模举债修建堪比大城市的亮点景观。

“景观亮化工程”过度化，表面是施政方法欠妥的问题，根子却是“政绩观”出现了偏差。一些官员为出政绩急功近利、贪大求快，不愿在见效周期长的潜绩上下功夫，只愿在景观亮化工程这类显绩上做表面文章。

中央对这些存在的问题要求认真整改规范，首先强调必须“树立正确政绩观”，可谓一针见血、切中肯綮。

整治景观过度亮化要敢于“撕面子”。一方面，要对各地景观亮化工程等城镇建设项目进行梳理评估，对违背城镇发展规律、超出资源环境承载力、超出地方财力、背离人民群众意愿的“政绩工程”“面子工程”，一项一项对照检查，对违规建设的行为要严肃处理：让责任人丢面子。通过各种渠道曝光，让责任人公开亮丑；让责任人伤面子。视情节依规问责；让责任人损里子。把相关处理结果纳入干部考核档案，作为干部升降去留的依据。

另一方面，要坚持一切从实际出发，对已建成的和在建的景观亮化工程，要分类指导，防止一刀切。

特别是，要把“当下改”与“长久立”结合起来，着眼长效、立足规范，围绕动议、规划、审批、建设、考核等方面建立健全相关机制，从源头上防止“政绩工程”“面子工程”。

第二辑

谋民生之利

增进民生福祉是发展的根本目的。要在发展中补齐民生短板、促进社会公平正义，在幼有所育、学有所教、劳有所得、病有所医、老有所养、住有所居、弱有所扶上不断取得新进展，深入开展脱贫攻坚，保证全体人民在共建共享发展中有更多获得感，不断促进人的全面发展、最终实现共同富裕。

阻止“消废品”祸害农村市场

“惊心动魄！”全国政协委员、中华全国律师协会副会长朱征夫这样形容假货产业带给他的震撼。在2018年全国两会上，朱征夫将自己的提案聚焦在“加大对制假售假的打击力度”上，引起广泛共鸣。关注这个问题的不只是两会代表委员，有媒体暗访调查发现，一些农村市场成为“消废品”的倾销点。所谓“消废品”，指的是大量不合格产品，包括假冒伪劣产品。

随着农村市场消费潜力不断释放，近年来不少商家通过“展销会”“送货下乡”等形式，把各类商品送到了农村，在一定程度上给农村消费者带来了实惠。但也有个别不法商家趁机兜售假冒商品，欺骗消费者。

特别是在一些农村小商店、小卖部、小超市里多见假冒伪劣食品。比如，“娃恰恰”“奥来傲”“脉劫”“豪牛酸酸乳”等包装相似、名称相近、款式雷同的假冒伪劣食品，严重威胁着农村的食品安全。

农村市场假冒伪劣产品的泛滥，并不局限于食品，这不仅影响了农民的消费积极性，制约了农民生活质量的提升，而且扰乱了农村市场秩序，侵害了正规厂家的合法权益。

假冒伪劣产品之所以在农村市场多发，除了农村消费者辨别能力弱、维权意识淡薄、消费水平低外，最根本的原因，还是农村市场仍游离于现代化监管手段之外，而制假贩假违法成本过低，相关法律法规的惩治威慑力仍待提升。

作为社会整体的重要部分，农村与城市一样，都应充分共享社会发展成果。对事关亿万农村人口的“消废品”下乡问题须给予充分重视，使广大农村和城市一样公平享有公共保障的权利。

从这个角度讲，有关部门有必要采取更为严厉的手段，杜绝农村市场沦为“消废品”法外之地。一方面，继续加大宣传力度，不断提升农村消费者的辨识能力和自我保护意识，使其自觉抵制假冒伪劣产品。

另一方面，畅通举报渠道，让假冒伪劣产品无处藏身，并在执法上统一各地标准、围剿线下生产源头，斩断假冒伪劣商品进入农村的渠道，从立法上降低制假售假入刑门槛、增加违法成本。比如，设立更高的惩罚性赔偿措施，以经营额为计算基准，实现“一次造假、终身负债”的经济制裁。

此外，制定扶持政策，支持城市正规商贸企业经营网络向农村延伸，让更多优质产品占领农村市场，使假冒伪劣产品在农村市场无立足之地。

小修摊里有大民生

修鞋、改衣服、配钥匙……城市里的各类小修摊，方便和服务着万千居民。2019年2月中旬，天津市杨柳青镇首批26个便民修车修鞋铺投入使用，全部免费提供给经营者。

民生问题无小事，一枝一叶总关情。近年来，国内一些地方城市管理者，出于市容市貌整洁、卫生环境等方面的考虑，对小修摊实施清退治理，或集中经营管理，有的甚至还向小修摊经营者收取高额摊位管理费。由于小修摊利润较低，这笔负担，砸了部分小修摊经营者的饭碗。

小修摊提供的服务，是居民日常生活离不开的一种业态，其作用不只是方便居民，同时也有利于治安维护。有学者认为，因为街边小修摊的存在，不管白天还是夜晚，始终有人在经营，有灯亮着，往往治安就很好。

多给小修摊一点生存发展空间，应提上城市管理者的议事日程。比如，可把小修摊免费提供给经营者，由相关部门联系对接社区居委会、物业等，或由小区居民代表向社区提请建议，鼓励引导小修摊在社区里生长。在引入小修摊时，也让经营者帮忙承担小区自行车棚的管理职责。再比如，小修摊不一定非得进店经营，只要小修摊保持良好的形象和小修摊周围的卫生，而且不阻碍交通，可让他们在指定的区域内经营。同时，引导他们积极参与到城市治理中来，包括监督小修摊周围的乱扔垃圾、乱停乱放等不良现象。

管理好小修摊是对城市管理者智慧的考验，这既彰显城市管理者的为民情怀，也是改善民生的“放大镜”。期待有更多城市管理者，不但能管好城市的大马路、大广场，也能管好小修摊，把为民服务落实落细。

向更多“全国通办”努力

国家移民管理局2019年3月26日举行新闻发布会通报，自2019年4月1日起，中华人民共和国普通护照、往来港澳通行证、往来台湾通行证等出入境证件实行“全国通办”，即内地居民可在全国任一出入境管理窗口申请办理上述出入境证件，申办手续与户籍地一致。

中国正处于一个高度开放的时代，数亿流动人口中不少人都有异地办证需求。过去，申办出入境证件须回户籍地，要付出相应的交通、食宿等费用，还得承担不少时间成本。人民有所呼，改革有所应。作为深化“放管服”改革的新举措，出入境证件“全国通办”是一场针对民生痛点的改革，合乎民众期许。据估算，仅交通费一项，一年就有望给办证群众节省200亿元以上。

此项举措的重要意义，远不止于经济价值。出入境证件“全国通办”，突破了公民的户籍身份限制，实现了公共服务均等化，体现了公共服务的可及性，不仅便民利民，还能扎扎实实地改善营商环境，让更多人员、资本更好地流通、交融。

出入境证件“全国通办”，意味着许多证件实行异地办理，已不存在技术障碍。从这个成功的改革样本，民众会期待相关经验与技术能在更多办证领域复制。其他职能部门能否也像移民管理局一样主动作为，取决于这些部门为民服务的决心。

期待“全国通办”能在更多领域和行业落地惠民。我们既寄望于打破数据壁垒，也寄望于相关部门倾听民众呼声，及时消除民生痛点，让“信息多跑路，群众少跑腿”的愿景更多地成为现实。

“物业进村”提升乡村治理标准

2019年年初，北京市海淀区制定出台了《海淀区村庄准物业化管理试点工作方案》，上庄镇罗家坟村是该方案出台后第一个实行“物业进村”试点的村。从2月开始，该村引进专业的物业公司。

“物业进村”在罗家坟村取得了明显成效。村民普遍反映，垃圾清运不落地了，公厕的卫生打扫更及时，村里的环境卫生更好了，24小时有人巡逻，安全感大幅提升。物业公司进驻后，招收当地劳动力，派驻专业人员进行专业化培训后，分派到信息员、检查员、监督员等岗位上。“物业进村”采取全项目各工种无外包模式，最大限度保证村民收入。

城市物业进村，在科技创新提升城市管理水平的同时，也把城市精细化管理的理念推广到农村，是落实乡村振兴战略和美丽乡村建设的一种创新举措，成为城乡公共服务均等化的一个重要方面。它大大提升了农村居民的生活质量，为未来我国城乡共同发展提供了一个方向。

罗家坟村“物业进村”模式为提升乡村治理水平提供了范本，但通过公开招标的形式选聘物业公司为村民服务需有一定投入，因此，仍需要村民有足够的经济承受力，或集体经济足够富裕。在中西部一些经济实力不足的农村，此一方式恐标准过高，但提高对农村居民的社会服务能力，满足他们在卫生、安全、生活质量等方方面面的要求，是乡村振兴不可动摇的目标。无论东西早晚，农村居民都会过上同城里人一样的日子，这是无可置疑的。

而不论经济发达与否，在广大农村都要考虑到提升居民生活质量，分阶段逐步地满足他们的美好生活需要，这是当下各级政府都要思考与努力的事。

大数据时代APP不能搞技术霸凌

2019年3月下旬，上海市消保委对网购平台、旅游出行、生活服务等39款市场占有率领先的手机APP涉及个人信息权限的评测显示，有超过6成APP在用户安装时申请了很多敏感权限，却不提供实际功能，包括读取通讯录、电话权限、短信权限、定位权限等。

APP过度索权现象屡禁不止，令消费者不安。比如一些APP读取摄像头信息后，会在后台被“悄悄”打开，进行拍照；一些APP获取麦克风权限后，只要捕捉到一些关键词，就会推荐相关产品，用户不堪其扰。诸如此类，当用户使用APP时，也在被APP“利用”，个人隐私信息、数据权限被一一调取。

用户APP权限陷入“任人宰割”状态，在于不同APP开发者之间存在竞争关系，竞争各方都想通过争夺更多用户数据，深入了解和挖掘用户需求，提供更加精准的“服务”，从而达到流量变现之目的。一些企业觉得，就算现在无法即时对消费者的数据进行商业化运用，也要先占有数据，甚至对标竞争对手“他要我也要”。

更深层次的原因在于，用户处于技术弱势地位。比如一款手机浏览器，不开启定位权限就无法正常使用；一种手机输入法，拒绝它收集信用卡号和密码等个人信息，就不给用……如果消费者想使用这一应用工具，除了“同意”，别无选择。

消除大数据时代APP的技术霸凌，需要有关部门主动作为，落实监管，细化法律法规，为APP权限套上法治缰绳。比如宜明确要求APP运营者收集个人信息时以通俗易懂、简单明了的方式展示个人信息收集使用规则，并经个人信息主体自主选择同意；收集使用个人信息时，不得收集与所提供服务无关的个人信息；不得以默认、捆绑、停止安装使用等手段变相强迫用户授权；不得违反法律法规和与用户的约定收集使用个人信息等等。

此外，要加大处罚力度，让APP运营者不敢挟“技”侵权。

“工作996生病ICU”应引起重视了

2019年3月，在程序员圈子里颇有名气的代码托管平台GitHub上，有人发起了一个名为“996.ICU”的项目，意为“工作996，生病ICU”，“996”即许多企业的程序员工作状态，从上午9点干到晚上9点，每周工作6天。

工作996，生病ICU（加护病房），这是中国程序员之间一种自嘲的说法，意思是如果按照996模式工作，那以后就得进ICU了。

目前“996”话题也进一步在微博等社交媒体发酵。程序员们不仅关乎“996”工作制对自身权益的侵害和身体健康、家庭生活的危害，也忧心自己的饭碗，尽管员工“996”上班，但一旦企业战略调整或者资金链受限，往往是整个产业群裁撤，饭碗随时可能不保。就算兢兢业业“996”，企业发展一路高歌，程序员身边也不乏到了35岁的“天花板年龄”后，上有老下有小身背房贷却被裁员的例子，令他们不禁担心自己的职业未来。

互联网行业之所以成为996文化“重灾区”，是因为这个领域中许多处于创业和成长阶段的企业受到业务运营的压力，这个发展阶段中加班确实是常态。值得注意的是，互联网行业近来频传裁员风声，996工作制甚至可能是企业逼退员工或维持绩效的手段。

被个别企业家奉为成功经验的“996”，其实本身就涉嫌违法。《劳动法》里明确规定，“国家实行劳动者每日工作时间不超过八小时、平均每周工作时间不超过四十四小时的工时制度。”而按照“996”计算，每天去掉1个小时午休时间，员工工作时长高达11个小时，一周高达66个小时。

对于加班时间，法律规定每日“一般不得超过一小时”，因特殊原因在

“保障劳动者身体健康”的前提下，“每日不得超过三小时，每月不得超过三十六小时”，且加班的前提是要“经与工会和劳动者协商”。那么，且不论加班是否经过协商，单说按每月4周计算，“996”加班时间每月高达104小时，接近国家规定上限的3倍之多。

遇到企业涉侵犯劳动者权益的情况，雇员可选择向劳动监察部门举报，但一些人在职期间可能担心身份曝光。相比之下，“996.ICU”是网上发起的倡议，这其实并非直接的法律手段，目的是引导更多人关注这个课题。

对996工作制的抵制反映出劳资市场至少两个问题。首先，这些互联网企业的效率管理有待更规范化；其次，随着更多“80后”和“90后”员工加入，企业管理新生代员工必须考虑到代际文化的差异，尤其年轻员工更倾向个人表达。

互联网企业一定程度加班在所难免，“也不可能非常安逸，这不符合创业文化”，关键是在法律允许的范围内这么做。

对于程序员群体中，越来越多人陷入“996”工作制这一情况，有关部门应当有所作为了。要知道，程序员加班的背后，则是其所在企业的配套部门也会加班，而这些企业又是行业内的强势企业，为了适应其工作时间，行业上下游的业务关联企业员工，自然也不得不加班，导致“996”工作制扩大化。

毕竟，人不是定好闹钟的机器，享受生活与享受工作，是须有体制机制保障的美好生活刚需。

“校长陪餐制”切忌沦为花架子

教育部、国家市场监管总局、国家卫健委日前共同发布《学校食品安全与营养健康管理规定》提出，从2019年4月1日起，实施学历教育的各级各类学校、幼儿园应建立集中用餐的食品安全与营养健康管理。中小学、幼儿园应当建立集中用餐配餐制度，每餐均应当由学校相关负责人与学生共同用餐，做好配餐记录，及时发现和解决集中用餐过程中存在的问题。

这自然让人联想起安监部门曾推行的矿长下井带班制度在一些地方遭遇形式主义甚至名存实亡。早在2012年，在教育部等15个部门印发的《农村义务教育学生营养改善计划实施细则》中，就曾规定“学校负责人应陪餐”，这一规定起到了良好效果，但媒体不时报道的学校餐厅问题，也说明在落实、监督和长效机制方面，还有发挥的空间。

中小学校长、幼儿园园长等负责人与学生共同进餐，和学生一起吃同样的餐食，学生吃的餐食如果在安全、卫生方面有问题，校长、园长就和学生一样，面临着现实的食品安全风险。可见陪餐制最直接的意义在于，将校长、园长等学校负责人置于和学生同样的食品安全环境中，倒逼学校负责人高度重视学校食品安全与营养健康管理，切实承担学校食品安全重大责任。

校长“以身试餐”，对于确保校园食品安全的意义固然毋庸置疑，但如何让好经不被念歪，依然大有文章可做。

食品安全是一项系统工程，从采购验收到保存加工，任何一个环节出现纰漏，都会造成事故。从这个意义上讲，校长是否陪餐只是一种形式，关键在于实现全过程的有效监管，如何建设公开透明、贯穿食品安全整个链条的监管机制，才是重中之重。否则，即便校长每一餐都和学生从同一个锅里打菜，都难以确保万无一失。

况且，如何防止校领导“同餐不同食”，亦需相应的制度规范。从网上跟帖亦可看出，人们的担忧并非无稽之谈。校园里，带“长”的就是官，即使校领导自己无意，亦怕有心奉迎者为其“开小灶”。“上有政策，下有对策”，现实中类似事例，实在是不胜枚举。

避免“校长陪餐”沦为花架子，要真正做到公开透明须多管齐下，共同发力。一者要充分发挥家长的力量。除了陪餐之外，还应该由家委会出面，组织家长代表不定期走进食堂，实地查看食品加工制作乃至采购保存环节。

说到底，校园陪餐只是形式，更关键的是要创建校园食品安全的“透明监督机制”。诸如创建用餐信息公开制度，包括进货来源、商家、供餐单位等，均应在公共信息平台发布，让家长随时可查可监督。有些校园食品安全事件，之所以闹得不可收拾，与监管缺位和信息不透明直接相关。阳光是最好的防腐剂，公开与透明监督亦是确保校园食品安全不可或缺的机制。

二者，要借助现代科技切实推进“明厨亮灶”。家长虽然有足够的热情参与监督，但囿于精力和能力，毕竟不可能做到全程跟踪、无死角监督。在这样的情形下，有必要借助安装监控摄像装置等方式予以弥补，做到“明厨亮灶”。

实行校长（园长）陪餐制不仅是为了给校长（园长）增加压力，更是要切断学校和食堂之间的不正当利益关联，让学校和食堂回归“监督与被监督”的本位，加大社会监督和舆论监督力度，推动学校食品安全与营养健康管理进一步完善升级。这个食品安全善治目标值得寄予乐观期待。

别让“最低消费”野蛮生长

据媒体报道，近期，广东省消费者委员会组织暗访调查了100家餐馆，发现近半数餐馆仍设置最低消费，包间最低消费收费幅度由100多元到数千元不等，具体形式也五花八门。

餐饮最低消费问题由来已久。当前，最低消费已不局限于高档中餐馆，西餐厅、火锅店等也有涉及。如一些餐馆根据包间大小、景观位置（海景、江景、湖光）等分别设计“低消”标准。“低消”收费已不局限于高档中餐馆，不少中低档的餐厅也是依葫芦画瓢，照收“低消”和服务费。

虽然不少餐馆取消了“低消”的名称，取而代之的是收取其他各式各样名目的费用。其中，包间服务费、开瓶费、茶位费的情况最为常见。

近年来，“最低消费”不断发展出新的种类和花样，在规章制度的灰色地带野蛮生长，既侵害了消费者的自主选择权、公平交易权，也违背了国家大力倡导的绿色消费理念。《关于厉行节约反对食品浪费的意见》明确提出，餐饮行业不得设置最低消费额；《餐饮业经营管理办法（试行）》也明文规定，“禁止餐饮经营者设置最低消费”。根据《消费者权益保护法》规定：“经营者不得以格式条款、通知、声明、告示等方式，作出排除或者限制消费者权利、减轻或者免除经营者责任、加重消费者责任等对消费者不公平、不合理的规定，不得利用格式条款并借助技术手段强制交易。”

酒店、餐厅设置最低消费的行为，属于“加重消费者责任”“对消费者不公平、不合理”的行为。同时，如果最低消费设置得过高，逼迫消费者不得不超量点餐，还侵犯了消费者的自主选择权。

"法不禁止即自由"。尽管餐饮业、酒店的收费受市场因素调节，部分顾客愿意为包厢的服务费、最低消费或大额开瓶费买单，看似符合契约自由精神。但该种"你情我愿"的交易行为是建立在法律禁止的基础上的，不能改变违法违规的性质，不能规避法律制裁的风险。

相关法规文件为餐饮业最低消费问题作了明确定性及制度约束，体现了广大消费者的殷切期待。执法监管是规范市场的根本，有关部门要不断加大监管执法力度，定期组织执法检查，及时惩戒违法行为，加大商家违法成本，形成违法警示效应，逐步规范并净化餐饮行业市场。

消费者可以要求餐厅合法合规经营。如果餐厅没有按照要求做的话，消费者可以向工商局举报，或是向消费者协会投诉，维护自身权益。

“不明扣费”消费陷阱待填平

2019年3月13日，360发布的《3·15中国网民互联网消费投诉研究报告》显示，消费者账户被“不明扣费”的投诉量最多，在总投诉中占比高达34.2%。“因软件引起的扣费”成为主要原因。报告显示“不明扣费”中最主要的扣费方式为手机话费，占比81.3%，第三方支付占比达到12.6%，网上银行占比5.4%。

近年来，不少消费者在不知情、未确认，或完全不明白何种原因的情况下遭遇账户被扣费的烦心事。从这些类型的案例来看，利用消费合同条款规则与消费欺诈的模糊地带，设置消费陷阱，通过扣费套牢目标客户群体，这既是一种消费侵权的行为，同时也是一种非正当的竞争手段。

当然，很多软件并没有流氓到直接恶意扣费，但它们往往是采用各种手段误导消费者，比如免费试用期到后，不进行二次提醒；比如付费按钮相当显眼，但取消付费按钮非常隐蔽；再比如默认勾选自动续费服务。

至于以“免费下载”“免费试用”诱惑用户下载软件，免费期结束后，不给消费者任何提示就悄然扣费，同样侵犯了消费者的知情权、选择权、公平交易权。免费及试用可以成为软件吸引客户的手段，但免费不能免义务，软件方有义务提醒消费者留意免费过期。正如专家所说，消费者免费使用软件时，自主选择的是免费期，而非付费使用期，免费期与付费使用期应是两个合同，二者不能等同或混用。总之，制造各种信息不对称，让消费者在知情权得不到完整保障的前提下跳入陷阱，这是不法商家惯用的伎俩。

而被不明扣费坑了的消费者，如果想取消付费服务，可能连入口都要寻找半天，手段和流程极其繁琐。平台正是利用类似的障碍，来让消费者放弃“挣扎”，接受被动消费。比如我们在线下实体商店买了一件商品，如果觉得存在误导欺诈，解决线下消费争端，可以拨打工商投诉热线，甚至在店里面对面据理力争，商家都会有所顾忌；但网络平台往往是跨地域的，哪怕被恶意扣费了，要找维权机构介入，也面临着属地管理的难题。

事实上，在2018年7月，工信部为了打击不明扣费，曾专门要求电信企业以短信方式，按月向用户主动推送通信账单信息。但目前来看，消费明细透明度还不够，类目比较笼统，消费者不知情的状况依旧不少。而且在告知时间上，完全可以做到开通付费时第一时间提醒。

对于手机用户遭遇“不明扣费”，监管部门不能仅仅要求“按月向用户主动推送通信账单信息”，而理当积极作为，制定更加科学、公平、合理的交易规则。除按规定扣除话费、短信费、流量费外，对于其他有偿服务，应要求商家以显著方式公示价格，或者通过短信形式明确告知收费标准。并设置二次验证程序，当用户回复验证码时方可订购服务，完成扣费。进而有效清理“不明扣费”现象，避免用户操作不慎点击收费项目被扣费，杜绝消费者糊里糊涂地“被消费”。

养老金中央调剂为全国统筹打下基础

2018年6月13日，国务院向外公布了《国务院关于建立企业职工基本养老保险基金中央调剂制度的通知》（下称《通知》），决定从2018年7月1日起实施基金中央调剂制度。该制度将合理均衡不同地区间养老保险基金的负担，确保各地养老金按时足额发放。《通知》明确，地方上解比例从3%起步，采取人均定额的方式进行拨付，离退休人员多的省份将获得更多的调剂金。

据统计数据显示，2017年企业职工养老保险的参保人数为3.53亿人。全国总抚养比为2.73：1，但不同省份之间差异较大，有的抚养比是4：1，有的抚养比不到2：1。全国累计结余可以支付17.4个月，有些省份可以支付到四五十个月，有些省份已经出现了当期的收不抵支，个别省份甚至出现累计结余用完的情况。

实行中央调剂制度，将有利于增强企业职工基本养老保险基金的互济功能和抗风险能力，防范和化解部分地区企业职工基本养老保险基金收支风险，改善部分地区基金收支状况。养老金中央调剂制度的实行，还可提升公众对养老保险制度的信心，因为部分省份收不抵支会让一些职工对自己未来能否领到养老金有所担忧，有中央调剂来保障就可打消这种顾虑。

值得一提的是，实行中央调剂制度，是我国职工基本养老保险制度改革的重要一步，由此奠定了职工基本养老保险基础养老金全国统筹的重要基础。

要让中央调剂制度发挥好功效，实施是关键。在通过建立中央调剂制度来实行全国统筹之后，应注意防止一些地方想方设法“少交多得”，并由此而加大基金收支运行风险，违背全国统筹的宗旨和目的。

为确保中央调剂制度顺利实施，应加强全国各地区企业职工基本养老保险基金预算管理，严格规范收支内容、标准和范围。应尽快建立全国养老保险缴费以及待遇查询系统、基本养老保险基金中央调剂监控系统，建立全国共享的中央数据库，推进相关信息化建设，在中央与地方之间、部门之间实现信息、数据互联互通，及时掌握和规范中央调剂基金和省级统筹基金收支行为，防范基金运行风险。要建立健全考核奖惩机制，将各地区养老保险扩面征缴、确保基本养老金发放、严格基金管理、基金中央调剂制度落实等情况列入省级政府工作责任制考核内容，实行相应的奖励和问责措施。

此外，中央调剂难免触及地方的既得利益，因此还应建立健全激励和约束机制，既防止结余省份扩面征缴的热忱受损，也避免亏空省份形成依赖中央调剂的惰性。

斩断伸向“养老钱”的黑手

中国进入老龄化社会后，家庭养老负担越来越重，社会养老服务供给不足，这让收入条件一般的老人陷入养老恐慌，迫切寻求养老保障。而老年人普遍对集资诈骗认知不足，当一些机构打着“养老”名义，采取欺骗诱导、虚假违规宣传等方式，诱骗其将养老钱投入所谓的高额回报项目后，不少老年人最终血本无归。

从“养儿防老”到“存钱养老”，这是一个时代的更迭。在基本养老保障不断升级又压力山大的今天，更多人恐怕还是信奉“手里有钱、心里不慌”的道理。不过，中国家庭金融调查与研究中心发布的《中国养老金融发展报告（2017）》显示，超过95.5%的调查对象目前或计划通过不同方式进行养老投资理财，30.3%的调查对象有上当受骗的经历且部分人受骗金额较高。换句话说，在老龄化走向“深度”的时候，围猎老人养老钱的伎俩也变得更为“精准”。

之所以说精准“围猎”，是因为一些不法商家牢牢抓住了老人们的心理，据此“对症下药”屡试不爽，而老人们则频频被“套路”。商家常用的做法无非是以下几种：一是亲情攻略，就像葛优一样开口就称“我尊敬的妈妈”，很多老人觉得这些销售人员比自己的子女都贴心恭顺，自然而然地就掏了腰包。二是免费招数，很多商家在进入“正题”之前，往往会免费赠送日用品、鸡蛋，提供免费义诊甚至免费旅游，老人们“拿人的手短”，最后免不了要掏腰包“意思意思”。三是夸大疗效，本来是一款平淡无奇甚至根本没有什么疗效的产品，商家却通过所谓“专家”之口，将产品说成可以包治百病，对健康充满了渴望的老人们，糊里糊涂地就“宁可信其有”了。

不法商家的精准“围猎”，让自己赚了个盆满钵满，却掏空了部分老人的腰包，不仅使得他们的养老成了问题，有的还影响了家庭和睦，这显然不利于社会的和谐稳定。

面对花样翻新的骗老套路，急需扎紧养老“钱袋子”，监管不能有短板，防范更需常升级。养老钱被“精准围猎”，不能止于“温馨提醒”，还要政府部门构建防控预警机制，扎紧养老“钱袋子”，这就要求有关部门要严加审核养老项目的资质，特别是现在各地基层政府都在上马养老项目，有些非法集资容易钻空子，戴上政府招商引资的“帽子”，对“投小钱骗大钱、拉虎皮做大旗”的骗老型非法集资一定要做好风险防控，各地养老项目应设定严格的准入门槛，一旦发现有相关风险，可以及时封存账户，尽最大可能保障老人的养老钱。

“徒善不足以为政，徒法不足以自行”。老年人一旦上当，遭受的往往是财产和精神的双重打击。因此为了让老人度过一个安详的晚年，防止老年人跌入非法集资陷阱，还需要公众的守法意识和社会整体法制环境的提升。

特别值得注意的是，老年人被骗术“围猎”，反过来讲，是骗子提供了精神需求错位的“替代满足”，骗术层出不穷、手法高明的陷阱固然需要警惕和防范，但老年人共有的精神需求如何安全、健康、有效地提供恐怕更需要反思。如何让老人们老有所为、老有所乐，生活充实并具有价值感，来自政府和社会引导与服务、家庭方面的关爱不容缺位。

对福彩腐败窝案须深刻反思

2018年11月9日，中央纪委国家监委网站发布了中国福利彩票发行管理中心4名原负责人的忏悔视频，原主任鲍学全、原主任王素英、原副主任王云戈、原副主任冯立志分别作了忏悔。截至2018年11月26日，驻民政部纪检监察组已经查处了中国福利彩票发行管理中心14名局处级领导干部的违纪违法问题。

中国福利彩票发行管理中心负责全国的福利彩票发行管理工作，这么多局处级领导干部被查，值得关注其背后所折射出来的问题。

福彩反腐的时间跨度很长。2015年，彩票资金的专项审计开启，福彩自身累积的问题撞上了法治与反腐的大背景，行业性的刮骨疗毒在所难免。正是在这个当口，数亿彩民从媒体调查中看到了自己敢猜不敢信的消息：福彩重要票种之一“中福在线”的独家运营商北京中彩在线公司，已由名义上的国有控股企业悄然转变为高管掌控的个人“财富帝国”，该公司高管被指利用职权向“关联方”进行利益输送，涉及金额数十亿元。其操作鲜活地展现了国有资产流失、变现、被用来借鸡生蛋的全过程，展现了“公益”变为“私利”的一连串机关。而当年国家审计署发布公告称，抽查2012～2014年18省彩票资金共658亿，其中虚报套用、挤占挪用、违规建楼堂馆所等问题资金达到169亿。随着更多的福彩系统官员落马，福利彩票窝案持续震荡。

福彩发行的目的本是筹集社会公益资金，促进社会公益事业发展。但彩票发行销售、彩票返奖、公益基金的使用等方面欠缺透明，由此导致消费者和其他社会人士参与其中，也基本上看不到对彩票产业链条的监督作用，以致几十年来日积月累才暴露了发展中的大问题。

彩票行业有发行销售机构，也有监管机构，但监管机构力量过于薄弱，无法对彩票市场进行全方位监管。对于挪用彩票资金现象，监管机构也没有划出一道“红线”并确保“红线”不被逾越。由于缺乏有效监督，福彩中心官员在侥幸心理的作用下，陷入“前腐后继”的怪圈。

一系列官员被查，既说明福彩中心一些官员已经形成了“前腐后继”的利益链，很难有人可以“出淤泥而不染”，也说明对于容易发生腐败的单位，监管部门已经高度戒备。

官方对福彩腐败窝案的描述中称，民政部发生系统性腐败问题，政治生态受到严重破坏。对此，有一位纪检官员曾举例称：“一条河里一条鱼、两条鱼死了，是鱼的问题，如果所有的鱼都死了，那就是水的问题。”

福彩成了一些人眼中的“唐僧肉”，自然需要有人为此负责。在今后的治理中，须进一步强化制度建设，以杜绝类似乱象，还公益福彩以清澈、干净的形象。对于福彩领域，一方面要坚持有腐必反、有贪必肃，形成强有力的震慑。另一方面要深查“前腐后继”的根源，管住任性的权力，填补规章制度的漏洞，扎好制度的篱笆。

应制定专门法律保障彩票的公益属性。第一，需要进一步完善彩票法律制度。第二，需要依法加强公开和透明度。在发行销售彩票时，要依法确保程序正义，保证公开、公正、公平，对彩票发行方式、开奖方式等进行监督。第三，需要通过立法明确彩票的公益属性，要从立法上进行制度设计，保障彩票伦理贯穿整个彩票行业，不偏离彩票本身的公益属性。

农资打假不能手软

2018年3月30日，农业农村部、最高人民法院、最高人民检察院、工业和信息化部、公安部、国家市场监督管理总局、中华全国供销合作总社七部门联合召开2018年全国农资打假专项治理行动电视电话会议，总结2017年及过去五年工作，部署2018年农资打假重点工作。

会议公布了一组数据，2017年全国“两杂”种子、兽药、饲料产品抽检合格率分别达到98%、97%和97.4%，比2013年提高0.5、3.8和1.4个百分点。农业、工商、质检与公检法部门配合，5年来累计立案查处假劣农资案件32.5万件，检查企业630万次、市场132万次，为农民挽回直接经济损失30.5亿元。

农资的优劣直接影响农业生产的丰歉，关系着农民的收入。假农资会给农民造成严重损失，值此春耕备播之际，农资打假正当其时。

农民耕种不容易，尤其是偏远山区，农民冒着酷暑面朝黄土背朝天地辛勤耕种，一年到头的收获并不可观。可一些无良商家在利益驱使下，仍然在制售假劣农资坑害农民。因此，打击假冒农资就是在保护农民的基本权益。

各级农业部门及相关执法机关应该高度重视农资打假对保粮增收的重要作用，切实增强农资打假工作责任感、使命感，迅速行动起来，深入开展农资打假专项治理行动，为农业稳粮增收保驾护航。

在购买农资的过程中，一些农民为了省钱、省力，从流动商贩、证照不全经营场所购置农资，容易购入假冒农资，损失难以追回。针对这种情况，有关部门应该开展相应的各种田间课堂、现场咨询和展览展示，指导农民科学购买、合理使用农资产品，畅通放心农资下乡进村渠道。

要围绕重点区域强化质量监督抽查。紧盯城乡接合部、农资经营集散地等重点区域，按照“双随机”要求继续强化农资质量监督抽查。

农资打假要突出抓好“三严”工作。一是严把审批准入关口。依法依规严格农资生产经营主体及其产品的资质审查，把住农资生产源头和市场准入关。二是严格规范农资生产经营。推进农资生产经营信息化管理，逐步推行农资产品质量追溯管理。建立农资生产经营主体信用档案，制定出台农资违法失信黑名单管理办法，把信用作为各类农业项目申报、资格审查、行政许可审批的必要条件。三是严打违法犯罪行为。畅通投诉举报渠道，严厉打击各类违法违规行为，不断健全农资打假长效机制。

警惕花式骗术“围猎”老人

2018年12月，“丁香医生”发布的《百亿保健帝国权健，和它阴影下的中国家庭》将权健推上舆论的风口浪尖。随之，保健品市场乱象也再次引起各方关注。2018年12月26日，国家市场监督管理总局发布《进一步加强保健食品生产经营企业电话营销行为管理的公告》，重点加强对保健食品虚假宣传、明示或暗示疾病预防或治疗功能等行为的监督检查。

公开数据显示，2016年中国保健品市场规模超过4000亿元，而膳食补充剂类产品市场规模超过1300亿元，并以每年10%的速度增长。相关机构预测，2018年中国营养保健食品行业收入将达到3534亿元，未来五年年均复合增长率约15.75%，2022年中国营养保健食品行业收入将达6343亿元，预计到2020年中国将成为全球第二大健康营养品消费市场。

2015年起实施的《食品安全国家标准　保健食品》中对保健食品的定义是：声称并具有特定保健功能或者以补充维生素、矿物质为目的的食品。即适用于特定人群食用，具有调节机体功能，不以治疗疾病为目的，并且对人体不产生任何急性、亚急性或慢性危害的食品。

但是，保健品在宣传上大多重在说功效，有的打着免费体验、义诊的幌子搭售保健品，有的为牟取暴利把普通产品吹得神乎其神，用所谓“包治百病”的偏方秘方忽悠百姓，更有的以会议营销、销售返利等形式，干着“拉人头”传销的勾当，在一场场所谓的“专家会诊”、一次次免费的“体检赠送”中，不少人省吃俭用的积蓄变成了一堆堆没有价值的瓶瓶罐罐。还有的无良厂家“玩概念”，产品游走在食品、药品、保健品之间，利用灰色地带疯狂牟利，野蛮生长。甚至于有的消费者被虚假宣传蒙蔽了双眼，生病不去医院就诊，信偏方用秘方，没治了病还耽误了救命。如此乱象，非治不可，非严管严治不可。

要整治保健品市场乱象，必须针对暴露的突出问题加速完善法律法规，尽快出台针对保健食品监督管理的专项条例及相关配套实施细则，真正做到有法可依；要建立从原料到生产再到市场流通的全过程监管体系，不留死角；要加强保健品国家标准体系建设，确保产品质量稳定可控；要明晰相关部门审批、监督和处罚职责，建立监督通报协查制度和常态化长效监管机制；出现问题，要露头就打、一查到底，坚决打击违法违规生产经营行为、取缔整治违规企业，决不手软。

没有全民健康就没有全民小康。以铁的决心、铁的行动捍卫人民群众利益，疾风厉势斩断非法牟利的黑手，才能为人民群众生命健康撑起“安全之伞”、筑牢“安全之堤”。

对统计造假零容忍

统计数据造假惩治力度再度升级。2018年9月16日，中办国办印发《防范和惩治统计造假、弄虚作假督察工作规定》，提出由国家统计局组织开展统计督察，省级政府和国务院有关部门建立防范和惩治统计造假责任制，问责统计违纪违法行为等将纳入督察。本规定自2018年8月24日起施行。

此前的2018年9月18日，国家统计局通报5起典型统计违法案件，包括天津市滨海新区临港经济区案件、内蒙古自治区通辽市开鲁县案件、辽宁省铁岭市西丰县案件、山东省潍坊市高密市案件、宁夏回族自治区银川市灵武市案件。这些案件的共同特征是统计数据严重失实，而地方党政领导以及相关部门领导对统计造假、弄虚作假严重失察，甚至存在人为干扰。

统计数据失实早已不是新鲜话题。近年来各地对于统计领域造假现象加大了治理力度，不仅曝光了不少统计造假案例，还追究了部分造假者的责任。然而统计造假现象仍未消失，2018年6月全国人大在执法检查报告中直言“统计造假、弄虚作假屡禁不止”。

真实的统计数据，是评估经济状态、找出问题并作出决策和规划的基础。如果连这些数字都是虚假的，也就无法对症下药了。数据造假不仅会造成错误判断，隐瞒经济的真实状况，让问题越来越严重，甚至误导经济决策，让被造假的地区无法获得相应的资源和政策，陷入恶性循环。

对于不少地方而言，相关统计数据不仅是一个简单的数字，还掺杂着地方官员个人的虚荣心和政绩的功利性成分，以至于不惜冒国家和集体利益受损风险，夸大事实、隐藏问题。

统计数据造假的内在逻辑是“官出数字，数字出官”。一方面，由于当前统计部门独立性不强，高度依附于行政部门，让行政部门在统计数据上造假有可乘之机；另一方面，当前对官员的评价考核机制仍然过度依赖于数字，这就使得一些地方官员为了获取更耀眼的数字“按需报数”迎合上级，作为邀功或是升迁的“垫脚砖”。

应将统计督察常态化，同时加强后续问责，对数据造假者形成强烈的震慑作用。要实现对统计造假零容忍，一方面要加大统计复查、核查的力度，提高造假行为被发现的概率；另一方面要加大责任追究的力度，既要处罚直接造假者，更要处罚幕后的授意者、指使者。既然统计造假是一种腐败，我们就应拿出更大的决心和诚意，像打击腐败那样打击统计造假行为。

要打破“官出数字，数字出官”的怪圈，还须有更多治本之策。一是要不断强化统计机关的独立性和自主性，同时要加强对统计数据造假者的监督和问责；二是要建立健全科学合理的干部考核评价体系，剥离依附在“数字”上的官员现实利益和权力诉求，让“数字出官”没有现实依据。

“携号转网”需要打破利益壁垒

2019年政府工作报告提出，2019年将在全国实行携号转网，规范套餐设置，使降费实实在在、消费者明明白白。而工信部部长苗圩也在“部长通道”上确认，到2019年年底中国实现所有手机用户自由携号转网，“对一家企业不满意，用户可以带着手机号转到另外一家”。

这意味着，在历经9年的试点之后，携号转网终于有望“转正”了。从苗圩部长的说法看，携号转网还会是“想转就转”，这合乎很多人的期望。

在手机号码资源已经成为一个非常重要的身份识别时，更换一个号码并非易事，它关系到银行账号、移动支付乃至社交网络等等诸多认证信息的修改。但人们在很多时候又确实有转网的需求，比如有些运营商的网络质量更优，或有更优惠的套餐等等因素，让消费者非常想携号转网。

简单来说，携号转网就是从一家电信运营商网络，转入另外一家电信运营商的网络，不用更改电话号码。其实，携号转网不仅有利于促进运营商竞争，带来通信费用下降，还可以刺激运营商进一步提高服务水平。老客户再不用担心“杀熟”了。更何况，携号转网把选择权交给用户，谁的服务好就选择谁，这既有利于改善消费体验，也有利于倒逼企业提升服务质量。

携号转网在中国已经热议多年。2006年10月，原信息产业部发布了630号文件《信息产业部关于保障移动电话用户资费方案选择权的通知》，该文件又被业界称为“携号转套餐”或“携号转品牌”政策。

2018年底，工信部宣布，从2018年12月1日起推出新的携号转网业务受理流程，但是12年过去了，本以为会激起大浪花的携号转网目前还在试运行阶段，而且仅仅在天津、海南、江西、湖北、云南五个省市试点。

携号转网好处这么多，为何推广缓慢？从技术方面来讲，携号转网涉及网络改造、用户系统改造、数据库建设、系统测试和业务试用等。同时，在试点过程中还发现了很多非技术性问题，比如运营商之间的结算、如何建立可实现全网数据同步的第三方集中数据库系统等。要解决这些问题成本巨大。

事实上，携号转网业务难以推进，不仅是因为技术原因，更是运营商都不愿意将自己已到手的蛋糕拱手相让。因此，在转网过程中设置很多隐性门槛。比如成功携号转网需要满足实名制、不能停机或欠费、不能存在协议未到期等要求。此外，用户转网后较长时间内，不能再次办理转网，如中国移动规定，距离上次携号转网时间间隔不足120天，无法再度办理携号转网。

显然，由于运营商单方面制定的不合理规定或者不合理合同条款影响到部分用户自由携号转网，如果要在全国范围内实行携号转网，除了需要解决技术问题，更需要打破运营商的利益壁垒。也就是说，只有清除掉影响自由携号转网的所有障碍，才能实现预期目标，这需要从运营商入手，从现实问题入手。

警惕近视群体低龄化

据媒体2018年7月2日报道，北京市2016—2017学年度中小学生视力不良检出率高达58.6%，视力不良已经成为影响中小学生健康素养的重要因素。而今在一些小学乃至幼儿园里，戴眼镜的孩子随处可见，呆萌的脸上要架一副小眼镜才能看清楚东西，这需要引起人们的警惕。

据国家卫生健康委在2018年6月举行的专题新闻发布会消息，我国近视人数已超过4.5亿，其中近视高发年龄段为青少年阶段。数据显示我国小学生近视比例为45.7%，初中生近视比例为74.4%，高中生近视比例为83.3%，大学生近视比例则高达87.7%，我国近视患病人数已居世界首位。

近视在很多国家都存在，但如果一个国家的近视人口占比过高，近视的群体越来越低龄化，就成了一个关乎国民健康状况和身体素质的大问题。据调查，进入初高中阶段，学生们近视的比例上升，不少在小学时就已经近视的学生，升入初中后近视度数加深。

近视不是一种正常状态，而是“影响人类健康的三大疾病之一”，轻则造成人们离开眼镜就无法正常生活，重则造成视觉能力退化，引发各种眼疾。

中年以后病理性的近视姑且不论，青少年的近视加剧务必有效预防。青少年近视主要跟过度用眼和近距离视物有关系。近年来，随着电子设备的发展，近视发生率也越来越高。青少年时期是眼睛发育最关键的时候，孩子出生后，一般就会有一个300度左右的远视。8岁以内的孩子应该是偏远视的，随着眼球的发育，小孩的眼轴会逐步拉长，远视程度会越来越降低，到8岁左右，才会发展到一个正常的屈光状态。如果孩子因为学业、电子产品等用眼过度，8岁以内就开始近视，以后度数会越来越高。

小学低年级阶段应教会孩子保持正确坐姿，学会做眼保健操，养成良好习惯。除了学校，家长的引导也非常重要。要加强孩子的户外活动，而且室外活动的时间最好能达到每天2小时，这样才有利于眼睛的保护，避免近视。家长一定要了解近视形成的原因，有意识减少孩子近距离用眼，周末或放学后，多引导孩子户外运动，爬山、打球、游泳都很好。

同时，不建议小孩使用手机、平板电脑等电子产品。如果要用，也应该注意保护眼睛。比如，应遵从20—20—20原则：使用电子产品每20分钟就把视线移到离屏幕20英尺（约合6米）以外的地方，保持20秒或更长时间。成年人和家长必须要行动起来，保护自己和下一代免受进一步伤害。

力挺动车吸烟“禁乘180天”

2018年3月2日，国家发展改革委、中央文明办、最高人民法院、铁路总公司等多部门联合下发了《关于在一定期限内适当限制特定严重失信人乘坐火车推动社会信用体系建设的意见》，从2018年5月1日开始，在动车组列车上吸烟或者在其他列车的禁烟区域吸烟的，各铁路运输企业限制其购买车票，有效期为180天。

在动车车厢里吸烟危害极大。比如，车厢里比较封闭，一旦有人吸烟，其他乘客都会被动吸烟，对其他乘客是一种伤害。再比如，现在的动车上都安装了烟雾报警器，一旦有人吸烟，就有可能触发报警器，一旦触发报警器，列车就会自动降速甚至紧急刹车，给运行安全带来隐患。

“动车上吸烟禁乘180天”规定，不仅有助于更有效限制约束“在动车上吸烟”行为，也有利于进一步推动“社会信用体系建设”，进而最终真正构建一个“让守信者畅通无阻，让失信者寸步难行”的社会信用环境。

当然，限制失信乘客乘坐火车，并不仅仅为了“惩戒”，根本目的还是为了防范安全风险、避免闹剧重演，同时也是给问题旅客提供行为矫正的契机……公共运输的快速发展，必须要有具备起码素质的乘客与之适配，而针对失信者的限制规定，就是旨在打通这个双向选择的过程。

“动车上吸烟禁乘180天”新规出台的积极意义，实际上不仅限于社会信用体系建设，同样也体现在其他许多方面，除了在铁路运输企业实行之外，还可在更加宽广的领域推广，这有利于不断推动“室内公共场所百分之百禁烟”的“全面控烟”目标的实现。

从以往情况来看，虽然有相关规定对动车吸烟行为进行惩罚，但仍是“柔性”处罚，以批评教育、罚款为主。在动车出行越来越便利的当下，铁路部门仍需要完善补全制度管理的漏洞，让规则更加“完善”，让秩序更加规范，这本就是法治应有的真义。“动车上吸烟禁乘180天”的作用也尽显于此。用更加刚性的约束，与教育、罚款的“柔性”互补，让旅客自觉遵守规则，维系社会公序良俗，共同营造更加和谐的社会环境，是很有必要的。

“动车上吸烟禁乘180天”规定能不能发挥效果，其决定因素在于能不能锲而不舍地执行。“动车上吸烟禁乘180天”规定必须严格实施，防止动车禁烟成为“纸上风景”。这就需要相关部门通力合作，将规定真正落到实处，让相应的惩戒和约束机制真正产生威慑力，从而让“老烟枪”在吸烟之前不得不考虑一下后果，放弃吸烟念头。

打击价格忽悠不止在“双11”

显著区分付费搜索广告与自然搜索结果、及时制止虚构原价或先涨后降行为……2019年“双11”前夕，北京市市场监管局联合市委网信办、市公安局等五部门对京东、天猫、美团、聚美优品等10家重点电子商务平台企业进行行政指导。

“双11”等网络集中促销活动，已成为消费者日常消费的重要组成部分。以往“双11”购物节，一些商家除了节前涨价，当天再降价的传统套路外，“组队盖楼分红包”“升级喵铺领喵币”，看似优惠繁多，实则也是套路满满。更有甚者，有的商家一边号称“最大折扣”，一边将品质较差的“电商专供”产品用于降价促销。

近年来对电商“先涨后降”等涉嫌价格欺诈的违法行为，有关部门对其约谈多，重拳处罚少。一项调查数据显示，电商促销商品的毛利率最低为4%，最高达22.43%。如此丰厚的利润，即便是处以最高50万元的罚款，也会有一些商家铤而走险。

防范电商的消费欺诈行为，有关部门要充分利用大数据动态监测，强化数据分析应用，发现类似“先涨后降”的不法行为后迅速“亮剑”。不妨实行“高额罚款”的处罚机制，让其有痛感，从而不敢动歪脑筋。

同时，架构黑名单惩罚机制，让那些商家“一时失信，处处受限”，为自己的无良行为付出沉重的代价，让他们遵规守法，切实维护公平买卖的交易秩序。

并非只有“双11”天坑不断，各类电商购物节也多有套路。因此，只有监管常态化，才能让消费者网购放心。

实体店无理由退货须配套法律跟进

2018年3月15日，中国消费者协会启动倡导线下实体店无理由退货承诺践诺活动，在全国范围内拉开线下实体店无理由退货承诺的序幕。在活动现场，苏宁易购、国美、沃尔玛等企业率先响应做出承诺。

《消费者权益保护法》第二十五条规定，“经营者采用网络、电视、电话、邮购等方式销售商品，消费者有权自收到商品之日起七日内退货，且无须说明理由”。也就是说，消费者网购享有七天的“后悔权”，但这并不适用于线下购物，消费者线下购物不享受七日无理由退货权利。实体店的售后服务仍执行“国家三包规定”，即产品自售出之日起7日内，发生性能故障，消费者可选择退货、换货或修理，有额外约定的除外。

销售渠道不同退货条件迥异，这显然对消费者不公平。在消费者逐渐养成七日之内无理由退货的购物习惯的情况下，主动自觉对社会和消费者承诺线下无理由退货，有利于实现消费者的知情权、选择权、公平交易权等权益，从而约束商家销售行为，倒逼商家规范经营，防范随意夸大事实、吹嘘功能，不仅能赢得顾客的信赖，打造品牌优势，而且能促进商业环境的良性循环，促进实体经济的发展，有助于实现商业、企业与消费者的共赢。

越是为消费者权利提供“强保障”，越是能促进商业文明发展进步，这是屡被验证的规律。从公平竞争和改善服务的角度看，实施线下无理由退货都很有必要。这符合新零售融合线上线下的大趋势，令消费者无论从哪里购物，都能享受到均等的退换货服务，从而提升整体消费体验。

但同时，大范围推行实体店无理由退货，可能也会刺激一些消费者恶意退货，让商家正常利益受到损害。同时，如果商家违约不履行无理由退货承诺，消费者则无法可依，增加维权难度。

因此，从长远来看，满足消费者对高质量的商品和服务需求，让每一位消费者不分线上、线下购物都能享受到“后悔权”，除了靠实体店的自觉承诺外，还需尽快完善相关法律法规，让消费者有法律撑腰。

毕竟，现在很多企业都同时布局线上线下，实现了互相融合，正在打造新零售模式，法律也应与时俱进，根据现实情况及时进行完善，以最大限度保障消费者的合法权益。当然，也必须用法律保护好实体店的合法权益，确保线下无理由退货的公平性、合理性和可行性。

“车载便利店”需要更多规范和保障

在出租车上扫码就能直接购买零食饮料、享受按摩服务……最近，这些新装备正在多个城市的出租车上搞试点。

车载便利店极有可能会迅速普及，一方面出租车公司或司机个人开设车载便利店有利可图，在车上设置一个车载便利店不会额外增加成本，还能增加收入。另外一方面，出租车上有食品出售，确实满足了一部分乘客的需求。从这个角度看，“车载便利店”未尝不是一种积极探索。

然而，这种看起来双赢的事情，却潜藏着不可忽视的安全隐患。一则出租车车厢空间本就不大，如果再在车内或后备厢设置货架，不仅影响乘坐感受，还可能带来安全隐患。更有甚者，一些司机在副驾驶座位上加装按摩垫，乘客扫码支付即可享受按摩服务。但这些按摩垫并非针对汽车座位设计，未对安全气囊位置做特殊处理，很可能影响安全气囊正常弹出。虽然目前车载按摩椅、车载便利店似乎还没有引发安全事故，但由于改变了原来的车内格局和相关设计，是否存在安全隐患，不可心存侥幸、麻痹大意。

二则司机在行驶的过程中，免不了要介绍便利店以及支付方式，甚至为了增加收入会主动推销商品，还要防止乘客只拿货物不支付钱款等风险，由此不免会造成司机驾车过程中分心，影响交通安全。

更何况，“车载便利店”的零食在食品安全上也存在一定的隐患。按照食品安全法等规定，从事食品销售和餐饮服务活动的企业或个体，应当依法取得食品经营许可。目前看来，出租车销售食品尚缺乏政策法规支持，监管存在难度，食品安全无法保障。如果发生食品过期、食品被不法分子调包等现象，造成食品安全事故，损害了乘客利益，追责难度极大。

众所周知，出租车是一种准公共交通工具。由于其具有公共属性，显然安全保障是第一位的，商业开发是第二位的，只有在切实保障安全性的基础上进行商业开发才符合公共属性。从这个角度而言，是否允许车载便利店不是相关企业和司机的私事，而是事关公共利益的大事。

对于“车载便利店”这种新业态、新事物，尽管各地各方对其褒贬不一，且尚无统一的监管政策，但是监管部门不能视而不见或无动于衷，应该对这一新兴业态加以分析论证，制定统一明确的规范标准，引导其在不影响安全行车与保障乘客权益的前提下健康发展。

高铁站选址要以便利性为导向

2018年4月24日，国家发展改革委、自然资源部、住建部与中国铁路总公司联合发布的《关于推进高铁站周边区域合理开发建设的指导意见》提到，新建车站选址尽可能在中心城区或靠近城市建成区，确保人民群众乘坐高铁出行便利。

高铁以其安全、高速、舒适和准点等优势，在中短途出行中占据了巨大优势，受到群众青睐。如今，高铁干线已经初步形成，支线则在全面开花，各省市都在积极争取引进高铁线路，以搭上“高铁快车”跟上发展速度。

而近年来各地高铁站的建设却呈现向外“突围”的趋势。从现实情况看，时下很多地方的高铁站处于偏僻地带，附近人烟稀少，缺乏方便的交通工具，公交线路较少、耗时长，打车贵，开车则要承担油费、停车费、过路费等，出行成本陡然上升，进而大幅度削弱了高铁的性价比，让其在与公路、民航的市场竞争中损失了不少潜在客流。

事实上，当前高铁站的选址掺杂了许多因素。在很长一段时间里，高铁都被视为推动城镇化发展的重要手段之一，伴随着多地高铁建设的突飞猛进，“高铁新城”这一新词也应运而生。

高铁站确实能带来巨大的客流，催生商机。因此，不少地方希望通过高铁站的建设，以点带面加速城市某片区域的发展。据不完全统计，目前各地规划、建设的高铁新城已超70座。但这却忽视了客流的“自主选择性”等其他市场因素，导致“饼”摊得太大，难以达到预期目的。

除经济上的“政绩冲动”，一些位于高铁沿线的地方政府还把高铁项目当成“民心政绩工程”。这些年来，“争路”现象已上升为相邻城市之间、城市与铁路部门之间的博弈，并呈现非理性趋势，直接无视不是所有地区都适合建设高铁站的现实，有条件要上，没有条件创造条件也要上。

如何选择恰当的位置建高铁站是一个需要深思熟虑的问题。强调高铁车站的便利性，也是试错后的总结。各地有必要找到高铁站“不合群”的症结，让高铁站建设回归交通的本意，更有利于群众出行。

城市分大小、功能有不同，这也决定了包括高铁站在内的项目建设要因城而异。既可以是建一个距离城市不远的车站，也可以通过轨道交通等公共交通的发展来实现有效衔接，这受限于城市规划的诸多方面。但必须共同遵循的一点是，不给人民群众添麻烦，始终体现以人为本的发展理念。毕竟，发展的目的，说到底是为了让人生活得更好。

莫让“保留吸烟区”拖控烟后腿

2018年5月，浙江杭州公共场所控制吸烟条例修改备受关注。这次修改拟删除此前征求意见稿中受到外界褒扬的“室内公共场所、工作场所全面禁烟”措辞，允许室内设置吸烟区，因而引发争议。

研究表明，每年全球约1770万人死于心脑血管疾病，占死亡总数的31%，全球10%的心脑血管病死亡、12%的心脏病死亡归因于吸烟和二手烟暴露。公共场所设置吸烟区或吸烟室无法避免烟草烟雾的危害。即使是最精细的通风系统，也无法保护人们免受二手烟的伤害。

《世界卫生组织烟草控制框架公约》明确规定，室内公共场所、工作场所和公共交通工具应全面禁烟，不设室内吸烟室或吸烟区。目前，55个国家和地区已经进行了全面禁烟的立法控烟，在金砖国家里，除中国大陆外也都实施了公共场所禁烟。我国作为公约的缔约国，理应遵循烟草控制的相关规定。

早在2009年，杭州市就颁布了《杭州市公共场所控制吸烟条例》，2018年1月23日修改了此前条例，明确室内全面禁烟，吸烟区也不可以，而5月初当地又挂出了最新修改意见，内容发生了重大变化，拟允许室内设置吸烟区。中国控烟协会等多个控烟组织致函杭州市人大，认为这是在“开倒车”。

杭州此举的原因，可能是当前实施全面控烟在具体操作时遇到了较大挑战。相关方面或认为按照堵不如疏原则，在室内或者工作场所保留吸烟区，可以达到堵疏结合的双重效果。

全面禁烟是一件长期而繁琐的工作，困难可想而知，但这绝不能成为退缩的理由，因为禁烟并非无足轻重的小事，而是事关人民健康的“试金石”。

2003年我国签署了世界卫生组织《烟草控制框架公约》，于2006年在我国生效。从此，“全面控烟”这个词语就进入了我国人民的词条库。近几年来，我国各地均在“全面控烟”这一方面进行着努力，北京、上海等城市相继出台了控烟地方法规，全面控烟早已成为全民共识。

在全面禁烟已有广泛共识和统一行动之际，杭州市适度放开的做法可能会让先行地区陷入尴尬。由此，有必要在控烟立法方面实现全国性的法治统一，这比起分别由地方进行立法，会节约大量的立法成本。不过，全国层面的控烟立法必须是全面无烟的立法，才是必要和重要的。

整治骚扰电话运营商应担主体责任

2018年7月30日，工信部、最高人民法院、最高人民检察院、公安部等13部门联合印发《综合整治骚扰电话专项行动方案》，决定自2018年7月起至2019年12月底，在全国开展综合整治骚扰电话专项行动。根据方案，此次专项行动将重点对商业营销类、恶意骚扰类和违法犯罪类骚扰电话进行整治，打击非法获取个人信息的行为，合力斩断骚扰电话利益链。

近年来，为整治骚扰电话，工信部推出过多项举措，包括开展整治手机“黑卡”行动、叫停非运营商资质的免费通话服务、推出史上最严格的号码实名制等等，但营销电话扰民、恶意电话骚扰等问题依然十分突出。

骚扰电话之所以猖獗，除了骚扰电话高度分散、隐蔽性强外，更深层次的原因是，虽然治安管理处罚法规定，屡次发送淫秽、侮辱、恐吓或其他信息，干扰他人正常生活的，可处以拘留或者罚款，但骚扰电话骚扰到何种程度才算“干扰他人正常生活”并无标准，难以清晰界定，以致部分电信运营商往往以无法判断作为挡箭牌，逃避自身的监管责任。

实际上，拨打骚扰电话的商家主要在于推销产品，为商家提供号段资源的电信运营商也有利益分成。而很多骚扰电话要么是商家从电信运营商手中批量购买的号码，要么是通过改号软件处理过的“虚拟号码”。在一些商家的营利冲动以及部分电信运营商的默许下，骚扰电话成为通信行业的“毒瘤”。

目前，不论是手机还是固定电话，都有标记骚扰电话、投诉电话功能，如果电信运营商对被标记或举报为骚扰电话的号码能进行及时调查、核实，乃至警告、限制呼出、停机等，这些骚扰电话就不会长久存在。

此番多部门联合整治骚扰电话，较之以往更令人期待。但要实现专项治理目标，还应尽快完善相关立法，明确法律的惩戒约束措施。比如通过呼叫频次异常情况以及用户投诉情况，明确骚扰电话认定标准，据此责令电信运营商及时暂停相关号码的外呼功能或封号。对拨打骚扰电话的当事人和受益人实施更严厉的经济及其他处罚，对不法行为形成有效震慑。

此外，宜从法律上明确电信运营商在骚扰电话等方面治理的权利、义务和责任，激活电信运营商的第一主体责任意识。尤其要督促电信运营商积极加强骚扰电话拦截配套技术系统建设，利用云计算、大数据等技术手段，提升骚扰电话识别和拦截能力，切实承担起整治骚扰电话的主体责任。

应依法严惩暴力伤医者

2018年10月13日，针对“北大医院医生被打”事件，公安部表示，对伤医、闹医、辱医行为构成违反治安管理行为的，严格按照治安管理处罚法予以处罚；构成犯罪的，坚决依法追究刑责。暴力伤医，零容忍。同日，中国医师协会发布声明，谴责一切暴力伤医行为。

此前的2018年10月12日晚，北京大学第一医院就此事发表声明：9月22日晚，北京大学第一医院妇产科赫英东等三位医生在值班工作期间，因产妇分娩方式与产妇孙某某家属产生分歧，遭到家属郑某某等三人无端殴打。事件引起医疗圈强烈反响，并经媒体传播后，迅速引发社会关注。

近年来，在医院辱骂、伤害医务人员的违法犯罪行为时有发生，每一次都令人感到震惊、愤慨和痛心。据中国医院协会之前的一项调查显示，我国平均每所医院每年发生的暴力伤医事件达27次，诸如围堵医院大门、设灵堂、摆花圈、烧纸钱，甚至辱骂、殴打、残害医护人员。“医闹”行为扰乱医院秩序，影响其他患者正常就医，还严重威胁医护人员的人身安全，让医务人员在工作中提心吊胆，难以集中精力救死扶伤。因此，社会各界对“医闹”行为非常痛恨，要求对“医闹”采取严厉打击措施，遏制“医闹”之风。

医患矛盾一直是人们关心的热点话题。矛盾之所以难以避免，究其原因，既有医患之间专业知识不对等、患者医疗期望值较高等因素，也有医务人员解释沟通不到位的原因。

医生和患者，是合力抗击疾病的利益共同体，更是相互传递着爱与责任的双方。一旦这样的关系遭到恶意破坏，建立在信任基础上的医疗行为也将受到影响，从而危害医患双方的身心健康。

患者家属殴打医生已不单纯是医患矛盾问题，更涉及到违法犯罪。《刑法修正案（九）》明确规定，对聚众扰乱社会秩序，情节严重，致使医疗无法进行的行为进行刑事处罚。虽然目前“伤医”行为因技术原因尚未单独“入罪”，但“医闹入刑”已经鲜明地表明，法律对于“暴力伤医”持“零容忍”态度。不论被打医师的最终伤情鉴定结果如何，有关司法部门都应该全面追究行凶者的刑事责任，绝不给伤医者任何逃脱法律严惩的可乘之机。只有严格执行“暴力伤医零容忍”，对一切违法犯罪分子予以严厉打击，才能形成尊医重卫的良好氛围，才能形成医疗环境与医疗水平相互促进的良性循环。

大恶源于小恶不消，严重事件多与早期矛盾不能及时化解有关。依法严惩暴力伤医者很有必要，但惩治暴力伤医，不能止于事后的处罚。医护人员奋斗在救死扶伤的一线，医疗行业本身存在着一定的风险性。只有完善强有力的制度保障，才能有效避免暴力伤医事件的发生。

公众对正义最朴素的期待，不过就是保护守法者，震慑违法者。因此，除了要严惩暴力伤医，法律还要保障医生的正当防卫权。

读懂“反向春运”的深层意味

在相当长的时间内，中国人把“回家过年”都看得很重。中国内地春运大事，年年都是由腊月十六开始，持续到正月廿五结束，共计40天。在这40天中，中国内地数十亿人次的大流动堪称世界奇观。

2019年1月28日至2月3日全国将迎来客流高峰，以中短途为主，主要由大城市或省会城市向周边地区迁徙。交通运输部表示，近年来“反向春运”旅客比例逐年提高，即有更多老人和小孩到城市过年，2019年尤其明显。中国铁路总公司也表示：“铁路春运反向客流连续四年增长9.1%左右。”

如果说春运的出现，是中国大规模城市化的见证，那么反向春运的出现，则体现了传统故乡情的式微和城市化进程的加深。

新的语境下，“身心安处为吾土，岂限长安与洛阳”不仅是传统的故乡情在变化，在自由的人口流动环境下，人的一生还可能有多个落脚点。时下，对许多“城一代”来讲，当他们再次提及故乡，也许更多是眷恋双亲，或好友美食，籍贯只是一个虚无缥缈的概念，不再是安放感情的地方。因此，他们不那么热衷于回乡过年，而是把父母接到他们的新就业地过年。

从基层上看去，中国社会是乡土性的。费孝通在《乡土中国》中，对“乡土性”归纳了三个特点：其一，“乡下人离不了泥土”。其二，不流动性。靠农业谋生的人是“粘在土地上的”，人与空间的关系相对固定。其三，熟人社会。人口流动性缓慢的特点使乡村生活很富于“地方性”特点，聚村而居，终老是乡。这不仅是一种地理概念，更多是一种情感认同。

在交通不便的古代，故乡被赋予特别意义，不仅“月是故乡明”，而且落叶总要归根，家书都抵得万金。但在交通发达以后，乡下人不仅能离开泥土，而且可以自由选择谋生方式，流动性大大增强，传统熟人社会也趋于瓦解。在这种情况下，故乡慢慢褪去了文人构想的那层“迷思”，变得真实起来。

当然，“反向春运”的背后并非全是欢乐祥和。有人是自主选择，有人却是无奈之举。反向春运流行的背后，还与火车票“一票难求”或机票太贵密切相关。就拿2019年春节来说，除夕前一周，飞往哈尔滨、成都、西安和郑州等热门目的地的多数热门时段航班都恢复成“原价”。与之相比，反向春运航线的机票价格最低一折起，尤其早上航班折扣更大、票源充足。

“反向春运”受热捧，还从另一个侧面说明，在城乡二元结构中，城市仍然占有毋庸置疑的优势地位。正因如此，通过努力争取早日消除城乡差异，打破各种壁垒，依然是从整个国家到个体层面未来一段时间的奋斗目标。

因此，对“反向春运”还要一分为二、理性地判断。对于春运来说，只有畅行无忧、将选择权完全交到乘客手中，想“正向”就“正向”、想“反向”就“反向”，成持平、协调状态，才是真正的进步和改变。

多方完善全科医生制度保障

全科医生，作为基层百姓的“健康守门人”，在医药卫生体制改革中，是做实家庭医生签约服务、推进分级诊疗制度的关键。如何为基层百姓留住一批优质的全科医生？2018年政府工作报告指出，加强全科医生队伍建设，推进分级诊疗。

随着中国老龄化进程的不断加剧，人们除了对大医院的医疗技术更为依赖外，近在身边的全科医生也更加不可或缺，承担着健康守门人的社会责任。但当前全科医生数量少、职业胜任力差。截至2016年底，全国全科医师约18.8万人，占执业医生总数6%，每万人口全科医生数平均仅1.37人。

此外，目前全国仅10余所高等院校通过在临床医学专业中开展全科医学方向或全科医学特长培养等方式，开展全科医学本科教育。而相对专科医生，全科医生社会地位低，薪金收入也不到专科医生一半。

需要强调的是，要落实好居民健康“守门人”的职责，要求全科医生也应该是优秀的医学人才，他们提供的也是高效和高质量的医学服务。维护人的全生命周期的健康，每一个阶段都至关重要。因此，即便是定位于处理患者常见病、慢性病、多发病的社区医院，也应该提供高质量的医疗服务，这样才能保证患者的小病不拖成大病，保证患者的慢性病能够得到科学管理不发展成急病、重病。

然而，一方面是全科医生培养跟不上，另一方面是由于基层待遇、职业发展前景、价值体现等限制，导致不少基层全科医生“出走”。这两方面因素，使得不少地方基层全科医生短缺，成为制约“患者家门口看病、到社区康复”双向转诊的主要瓶颈。

从长远来看，要让更多优秀的全科医生下得去、留得住、用得好、能发展，教育和培养是关键，眼下亟须从教育改革入手，加大全科医生的培养力度与规模，不断强化院校教育、毕业后教育、继续医学教育等系统的全科医生培养模式。特别是，要在现有医学学科门类下增设全科医学类。加强全科医学学科建设，研究制定符合中国国情的全科医学一级学科学士、硕士、博士学位教育体系。

而要让优秀的医务人才有志于从事全科医生的工作，就要从制度上保障他们的薪酬，同时从制度上保障他们的职业发展空间。比如，优秀的全科医生收入可以和大医院专科医生的收入相当，优秀的全科医生也可以担任教授等教学职务。

同时，建立科学合理的分级诊疗制度作保障，充分发挥医保的杠杆调节效应，在居民社区初诊和康复转治等方面发挥约束性作用，推动形成“基层首诊，双向转诊，急慢分诊，上下联动”的分级诊疗模式。这样，全科医生的发展才能步入良性循环，百姓在基层就医才真正有了保障。

倡导见义“智为”是一种社会进步

什么样的行为是我们倡导的见义勇为？2018年7月底，《江苏省奖励和保护见义勇为人员条例（草案）》提交正在召开的江苏省十三届人大常委会第四次会议审议。在该草案中，将“不顾个人安危”表述从条款中删除。草案不仅对见义勇为行为重新进行了科学界定，还对见义勇为人员权益保护的规定进行了修改。

见义勇为是中华民族的传统美德。他人遭遇困难，毅然决然地伸出援手，路见不平一声吼——这样的英雄奋不顾身、不计得失，带着一股侠义之风。从这个角度看，见义勇为往往带着一种“不顾个人安危”的精神，也正是这种“不顾个人安危”的忘我精神，令人钦佩和感动。

但是，英雄之所以是英雄，在于他们的所作所为，在于他们的精神境界。我们褒奖英雄，弘扬见义勇为精神，并不是片面地推崇“不顾个人安危”。比如，当未成年人面对突发火灾、溺水等情况时，在自身能力有限的情况下，很可能既没有帮助到别人，还让自己陷入困境，甚至付出生命的代价。

可以说，一味鼓吹高风险的见义勇为，只是鲁莽的道德绑架，也会让更多的人对这种高代价的正能量望而生畏。其实，许多西方国家在法律层面也明确了一些规定。比如，挪威、瑞典等国家法律规定，成年人只有在以下两种情况下才有救人义务：一是意识到他人处于危难境地；二是营救他人对自己并没有危险。在德国、西班牙等国的法律中，虽然有“见死不救罪”这项罪名，但此罪的成立条件是：“对本人和第三者也没有危险却故意放弃救助。”

只有基于人道和人性基础上的道德标准，在价值观越来越多元化的当下社会中，才会越来越被更多的人所接受，也才能慢慢成为整个社会的共识。随着时代的发展，人们的价值观也在与时俱进。把“不顾个人安危”纳入见义勇为的概念，体现了一种勇于奉献和牺牲的精神，当然有可取之处。但加强对见义勇为人员权益的保护力度，也应得到肯定和支持。

当然，“见义智为”和“见义巧为”，其落脚点都在一个“为”字。无论时代如何发展，见义勇为都是值得提倡与赞扬的行为，既是社会谨守的底线，也是人性最温暖的光辉。不提倡“不顾个人安危”，并不意味着要丢掉见义勇为的精神，而是要提倡“科学、合法、正当的见义智为”。这不仅体现出社会的文明与进步，也体现出对生命权利的最大尊重。

校外培训机构规范后效值得期待

国务院办公厅2018年8月6日印发《关于规范校外培训机构发展的意见》，针对当前校外培训机构存在的有安全隐患、证照不全、超前培训、超标培训等突出问题，从规范校外培训机构的关键环节入手，提出了一系列治理措施。

一段时间以来，我国校外培训市场乱象比较突出。“快速提分”“一对一个性化辅导”“一线名师授课”“签订保过协议”……面对校外培训机构的承诺，无数望子成龙的家长为之怦然心动。然而，当今培训市场鱼龙混杂的机构、虚实难辨的广告、良莠不齐的师资又令人担忧。

在家长的培训需求依旧旺盛的情况下，既要防止治理后有资质的合法培训机构处于垄断地位，培训价格提升，也要防止治理一段时间后，无证无照或有证无照的机构重出江湖。

这次有关部门对准校外培训机构乱象，打出了系列“组合拳”。这既是为当前过热的校外培训市场“降温”，也是一场对校外培训机构的供给侧改革。

校外培训需求主要源于升学竞争之下家长对提高孩子竞争能力的渴求。成绩好的学生在校内可能“吃不饱”，并想保持竞争优势，会选择校外培训；成绩差的学生在校内可能跟不上，也会选择校外培训。

据《中国教育新业态发展报告（2017）——基础教育》显示，全国中小学阶段学生的校外培训总体参与率为48.3%，参与校外培训的学生年均支出约为5616元，家庭选择校外培训主要以学科补习和应试为主。

多年来我国中小学教育一直将“减负”和“增效”并提，但前者落实快速容易，后者提升起来仍步履艰难。

对校外培训机构强化监管，仅靠教育部门一家“包打天下”很难做到。教育部门、市场监管部门和人力资源社会保障部门等都要承担起各自责任，主动作为，积极出谋划策，这样才能真正管出效果。在治理校外培训机构的过程中，还必须要对现行的教育体系进行改革，两者是相辅相成的。

对于群众为孩子选择校外培训，确实应有所限制以保证不受其害，这是当务之急。但在学校教育尚不能满足人们对于优质教育的需求时，充分利用好校外培训机构的力量，并加以疏导引领改造，使之更好地发挥作用，也不失为一条路子。而事实上，校外培训机构也并非“洪水猛兽”，规范化的校外培训机构是教育事业的有益补充。治理校外培训乱象需打出一套“组合拳”，学校、家长、政府相关部门都承担起各自的责任，多方合力才能使校外培训有序开展。

期待更加务实地消除大班额

就在距离完成国务院提出的“2018年基本消除66人以上超大班额”总体要求还剩几个月时，2018年9月，有媒体报道，衡水超大班额现象蔓延至小学，多所小学班容量近百，甚至有家长反映孩子们都“上”讲台上课了。

大班额现象再引关注。教育部新闻发言人续梅2018年9月6日表示，消除大班额方向是明确的，任务是刚性的，但在方式方法上应该是因地制宜、积极稳妥的。希望各地高度重视，统筹各方，加大工作力度，同时在制定方案时要广泛征求意见，在确保学生利益的前提下，积极稳妥地推进这项工作。

大班额，指随着城镇化进程的加快，流动人口不断向城区涌入，人民群众对优质教育资源的需求与教育供给之间的矛盾日益突出，城市学校所承受的压力越来越大，城区学校每个班的人数剧增，超出额定人数的班的现象。

大班额有两类：一种是66人以上，叫超大班额，另外一种叫大班额，有56人以上。2018年要基本消除66人以上的超大班额，2020年基本消除大班额，就是56人以上的班。

大班额有三大危害：一是环境过于逼仄，容易影响学生身心健康。二是影响正常的教学质量。在许多大班里，坐在后排的看不到板书，听不到老师授课内容，老师也认不全学生，无法有针对性地设计课程。三是存在较大安全隐患。

消除大班额的应对之策就在于均衡教育资源，集中新建和扩容改造一批城镇学校，同时提高薄弱学校和乡村学校教育质量。这不仅需要提高教育经费投入，更需要用好智慧加减法，求解“人”“地”“钱”之间的关系平衡。

一方面是要新建、改扩建一批学校，这是根本的举措，首先要缓解学位的紧张，提供足够的学位。第二方面，是要加强管理，要均衡配置资源，尤其是教师的资源，避免学生过度集中在一些热点学校，要大力提升薄弱学校的办学质量。

消除大班额，各地不能只从数量上设置关卡，而是要以更加务实的态度寻求解决办法。值得注意的是，教育部最近已经提出将缓解“乡村弱、城镇挤”问题，并实施消除“大班额”专项督查，确保2018年基本消除“超大班额”，到2020年基本消除“大班额”。

地方能否真正落实仍需教育部加强检查和督导。要将学校的规模和班额变化情况纳入学校督导的责任范围，开设举报热线、网络平台等鼓励群众举报违规情况，并明确规定各级政府、教育行政部门及其行政领导管理和监督不力应承担的后果。

“取消高考加分项”彰显教育公平

2018年3月1日，教育部印发《关于做好2018年普通高校招生工作的通知》，对2018年普通高校招生工作进行全面部署。根据相关规定，全面取消体育特长生、中学生学科奥林匹克竞赛、科技类竞赛、省级优秀学生、思想政治品德有突出事迹等全国性高考加分项。

当年设立高考加分项，是对一考定终生、分数一元标准的补充，鼓励引导学生注重综合素质的全面提升，助力高校不拘一格选拔人才。然而，由于信息透明度不够、监督制约机制相对欠缺、考生和家长的认识还不够等原因，这一政策在执行过程中逐渐异化，深受公众诟病。

在现实操作层面，所谓的体育特长生、科技类竞赛、省优秀学生等评选工作却频频出现暗箱操作，人为地破坏了教育的公平，扰乱了正常的招生秩序，产生了招生制度的漏洞。高考加分政策的另一负面作用是无形中加重了学生的学业负担。在高考指挥棒作用下，不少学生家长不惜重金为孩子报补习班和特长班。这无疑增加了孩子的负担，也加重了学生家长的经济和精力负担。

在以高考分数为唯一录取依据的招生制度下，一分之差，就极有可能相去甚远，特长生加分看似分值不大，但是，却拉到了学生之间的差距，影响了学生的人生，凭着特长加分，有些学生便踏入了名校的大门，而无缘加分的学生，却与心仪的高校失之交臂，被其拒之门外。

纵观近年来高考加分的学生大多是城市学生，城市优越的教育环境，学生家长丰富的人脉资源，以及雄厚的教育资本，让乡村学生望尘莫及，特长加分进一步拉大了城区教育的差距，使原本发展不均衡的城乡教育，更加不公平。

全面取消全国性高考加分项，将让高考回归“公平”的本真，既给考生减负，也给家长减负，更清除了权力寻租的可能，确保高考起点公平。

在基础教育中培养和储备专业人才很重要，虽然全面取消全国性高考加分项，但并不是不鼓励学生发展特长，提升综合素质，恰恰相反，取消加分之后，更有利于学生公平竞争，让学生的兴趣爱好，特长发展更加纯粹，不至于特长被分数绑架，出现为了高考加分而出现的“伪特长”“伪兴趣”“伪爱好”。

更何况，对于那些真正有一技之长的学生，高校可通过自主招生、破格录取等方式，为他们提供更丰富、宽广的升学路径。高校自主招生作为重要改革试点工作，应该继续深化探索，既要给予一流大学更多招生自主权，教育主管部门也要加强监管，进一步规范高校自主招生。

这次在高考奖励性质加分项目上的动作，不是简单的取消，而是一次深入的教育改革。其目标依然是如何保证教育公平的同时，提高教育评价体系的多元化。当然，任何改革都不可能一劳永逸。如何让这项制度适应时代发展所需，如何让其更加公平、多元，依然会是一个长期值得关注的话题。

最严驾考离不开最严监考

2017年10月，被称为“史上最严驾考新规”的新《机动车驾驶人考试内容和方法》落地实施后，有的地方甚至出现“挂科潮”。然而，笔者2018年7月中旬在呼和浩特市调查发现，驾考难度升级的同时，个别“神通广大”的驾校考场却暗地里为考生提供包过服务，只要花费数千元，就能在考试现场提供“技术支持”，大玩潜规则牟取利益。

我国实行“最严驾考”的目的是提高考生驾驶水平促进行车安全。然而，日益庞大的驾考市场背后，隐藏着一些黑色利益链条。在当前高标准、严要求的监管下，依然有人可以掏钱就不排队，且保证顺利过关。驾校考场提供包过服务，意味着“最严驾考”被“花钱包过”架空。

“最严驾考”导致“驾考腐败”的滋生蔓延，最负有责任的就是监管部门。长期以来交管系统的封闭性、缺乏外部监督，却掌握着一个地区的“驾考大权”，很容易成为社会上公认的“油水衙门”。监管部门监管不严，对缺乏监督的考官而言，无形之中增加了他们的受贿空间，提供了权力寻租机会。对于驾考者则对通过正规渠道考取驾照“望而却步”，而转向托关系、找路子、拿票子。

驾考包过的行为既是对《道路安全交通法》的随意践踏，更对社会和公众安全构成严重威胁。驾驶员考试中心级别虽然不高，但是权力却很集中，如果与部分驾校达成权钱交易的共识，将会危害无穷，是典型的基层贪腐行为。驾校在其中充当了考试中心利益输送的掮客，长此以往会导致驾考生态的恶化，使得正规驾校生源减少，而提供包过服务的驾校却生意火爆。

最严驾考还需最严监考来落实。不仅需要先进的监控设备、纸面上的规章制度，更需要落实制度的不苟精神和尽职尽责的担当。

从治标而言，无论是非法从业者，还是驾校和驾驶员考试中心，一旦发现存在驾考包过的行为，相关管理部门应予以严厉打击，情节严重者可追究刑事责任。同时，公安机关和其他执法部门需对驾驶员考试中心的监考行为和驾校培训行为展开全方位排查，如果发现此类问题，追究相关人员的责任。从治本的角度来看，监管部门需反观自身工作中暴露的死角和盲区，出台专项管理的规章制度，从根本上切断黑色利益链条，营造风清气正、公平公正的驾考生态。

让“异地就医直接结算”路短些

2018年8月23日，2018年国务院大督查第十督查组在组长许甘露带队下针对异地就医结算情况进行了明察暗访。笔者发现，转诊信息上传不及时、办理住院手续时未出示医保卡、就医前未在参保地备案……在江苏南京，不同原因导致患者难以顺利办理异地就医结算的情况仍然存在。

不可否认，随着中国经济的飞速发展，现在许多人经常会去往不同地区，可一旦发生了疾病，异地就医结算成一大难题。据统计数据显示，我国目前有2.45亿流动人口，其中跨省流动人口占67.2%，随着流动人口迁徙增加，异地就医矛盾也日益突出。让信息多跑路，让患者少跑路，异地就医住院费用直接结算，有利于解除患者异地住院报销的烦恼，是应着力推动的便民举措。

当然，实行跨省异地就医仅是第一步，医保全国联网的终极目标是实现跨省异地就医直接结算，从根本上解决群众异地看病难、看病贵的问题。跨省异地就医直接结算是指参保人员跨省异地就医时，只需向就医地的医疗机构支付需个人承担的费用，其他费用由社保经办机构与医疗机构结算。

但是，目前异地就医住院费用直接结算还面临政策差别带来的困扰。各地在异地就医备案流程、报销比例、财务结算等方面的规定不尽相同，对相关对接工作会产生一定影响；各地医保目录并不统一，而有些患者对此并不了解，结算时发现用了许多自费药品，无法报销，有的群众为此多支付数万元医药费。

其中最主要的原因是，信息化建设滞后，省级结算中心没有建立。另外，医保统筹层次低，不同省份医保缴费水平不同，各省之间医疗水平不一，也是跨省就医结算难的症结所在。特别是，由于各地的医疗消费和筹资水平差异非常大，而且人口流动趋势基本上是由欠发达地区向发达地区迁移，如果异地就医结算，会促使大量患者流向大城市大医院，这不仅造成当地医疗资源紧张，而且会加剧看病难、看病贵，从而导致医保基金也会嫌贫爱富，向发达地区集结，引发医保基金风险。

可见，“异地就医直接结算”难的不是技术操作，而是利益牵绊。随着全国跨省异地就医结算系统的建成和完善，异地结算将更加普遍，各地医保机构应认真思考如何在服务上着手，尽快解决推进过程中的“难点”，让群众少跑腿，让便民政策真正落地。

医保卡岂能成为购物卡

用于就医购药的医保卡，却成了购买其他物品的“购物卡”。2018年3月底有媒体报道，在海南省三亚市的部分医保定点药店，医保卡上的资金被用来购买床单被罩、卫生纸等生活用品，生意很是红火。

随着城镇居民医保的不断普及，老百姓使用医保卡的频率在增多，但医保被“挖墙脚”的风险也随之增加。事实上，医保资金滥用情形，在国内屡有发生。据报道，2016年8月至9月，国家审计机关对基本医疗保险和城乡居民大病保险等医疗保险基金专项审计发现，存在15.78亿元的违法违规问题。其中，部分定点机构和个人被发现骗取套取医保基金，少数自然人则涉嫌通过虚假异地发票等方式骗取医疗保险基金1007.11万元。

2018年的《政府工作报告》指出，我国大病保险制度基本建立、已有1700多万人次受益，异地就医住院费用实现直接结算。本是国家给予百姓的一份实实在在的红利，却也给了一些商业机构、不法分子可乘之机。

医保资金属于专项资金，是“救命钱”，购物、套现影响了其保险功能的发挥，会削弱社保“稳定器”的作用。如果容忍挖医保的“墙角”，那么只会肥了少数人，坑了大多数人。但是，医保卡沦为购物卡，显然不能把所有责任归咎于药店和居民唯利是图，还应当从医保制度身上找原因。

比如，很多城镇职工多年不看病，账户积累金额较多，又觉得是自己交的钱，放在自己的个人账户上，理应取出来使用，不能任由这笔“自己的巨款”躺在银行里。再比如，对于管理部门而言，如何监管数以亿计的参保人和数以万计的药店、医疗机构，一直是一个巨大的难题。一些市级、县级医保部门仅有几个人，每天在网络上审核大量属地参保人在当地、异地就医的费用单据，难免捉襟见肘，管理质量和效率都难以让人满意。

堵住医保卡沦为购物卡的漏洞，应严格执法，加大司法介入力度和处罚力度，强化定点退出机制，并用技术手段加强对各类医疗服务行为的监控。

同时，医保还应提高管理水平，将按项目付费的方式变成多种类的混合支付方式，利用谈判、协议、契约的手段，从事后审核把关变成事前事中监管，从机构监管变成服务行为监管。

从长远来看，医保制度势必要整合，个人账户积累金额会越来越多，监管难度会不断增加，改进个人账户使用办法应尽快提上日程。未来，在织牢织密社会保障网络的同时，必须不断提高医保管理水平，兼顾公平、质量和效率，才能跟上人们追求健康生活的步伐。

体检行业该“体检”了

近年来，国内体检市场参与主体众多，资本纷纷进入。然而，资本进驻下的一些民营体检机构，营销却成了主业，体检机构良莠不齐，体检质量大打折扣。一系列“有病的没检查出来，没病的检查出一堆病”案例，引来媒体关于“体检行业该‘体检’了”的呼声——体检行业要让自己先健康起来。

最近几年，我国体检行业发展迅速，据《中国卫生和计划生育统计年鉴》数据显示，2017年全国体检人数增长到4.56亿人次；保守估计2021年中国体检行业市场规模或可达2400亿元。在传统的公立医院体检之外，民营机构体检的发展颇为迅猛，占全国市场份额约10%。

但是，“萝卜快了不洗泥”，行业的蓬勃发展难免存在“生长痛”的问题。特别是一些民营体检机构，更是饱受非议。比如有的体检结果不准确、人员不具备从业资格、诊疗活动超出登记范围；有的存在过度体检、体检走过场、价格套餐“忽悠”问题；还有的极力压缩成本，使用廉价试剂、购买二手设备等现象。

体检行业乱象的产生，既有长期以来资本过度扩张，一味追求“走量贪大圈地”的发展模式的问题，也有行业标准不够完善的问题，也与监管力度不够大、违规者没有受到与违规行为相匹配的惩戒有关。

作为知识密集型行业，体检行业对从业人员的专业素质要求很高，这一定程度上限制着体检机构的扩张之路。但若体检行业受资本裹挟，以“跑马圈地”为“蓝图”，力气只用在市场营销上，而忽视了服务与研发，这样的企业发展前景令人担忧。以某民营体检巨头为例，据其2017年报显示，销售额增长近60%，达14.88亿元，而研发投入只有不到400万元，占营收比例仅为0.06%。

民营医院、专科诊疗机构以及部分医疗器械行业等，均存在民间资本注入使得行业发展充满活力，但标准缺位、管理乏力的问题。加强对大健康产业发展的引导与管理，不容忽视。

2018年6月，国家卫健委公布的《健康体检中心基本标准（试行）》指出，健康体检中心应建立健康体检质量安全管理体系，制定各项规章制度、人员岗位职责。这些都为助力体检行业发展加上了硬杠杠，期待制度和监管的改善能让行业发展尽快去芜存菁，切实保障那些与资本“结亲”的健康体检市场一路健康发展。

遏制农村酒驾须出实招

2018年4月，河北省沧州市沧县马官厅村附近省道上发生了一起严重的交通事故，一辆小轿车与对向驶来的一辆重型半挂货车相撞，小轿车驾驶人刘某与其妻子以及一双儿女全部遇难。经检测，驾驶人刘某血液中酒精含量176.61mg/100mL，属于醉酒驾驶机动车。

醉驾入刑后，全国性严打酒驾整治行动不断深入，酒驾现象已大为减少。然而在农村地区，酒驾现象仍大量存在，严重危及交通安全。以河北省为例，2017年以来，涉及农村道路或临近农村道路的酒后或醉酒引发的交通事故有14起，死亡22人。

近年来，随着农民经济水平不断提高，农村车辆的种类和数量不断增多，农村交通状况日趋复杂，而农村群众的交通安全意识和守法意识却并没有相应提高。加之交警对于农村地区特别是偏远乡村道路上的酒驾抓得不够紧、查得不够严，也助长了农村司机酒驾的侥幸心理。

在农村一些地方，劝酒之风仍根深蒂固，一些人更是将劝酒视为一种热情，驾驶人磨不开亲朋劝酒的“面子”，往往将交通安全和法律法规抛在脑后，各种传统节日和庙会期间，更成为酒驾事故的多发期。

乡村道路不是酒驾“法外之地”。因此，交警部门在严打城市酒驾行为的同时，在警力分布和配置上还宜不断下沉，并且充分调动基层乡镇派出所的警力资源，结合农村特点，科学配置警力，采取“常查处、小集中、大整治”的方式，扫除监管盲区，保持醉驾入刑在农村的震慑力。

除加大查处力度外，还需要将农村交通安全管理纳入乡村治理的范畴，包括加强农村机动车辆备案管理；逐步配套电子监控设备和流动监控车辆；建立经常化的执法机制；完善执法结果运用机制，比如纳入信用惩戒等。

治理农村酒驾，更需增强农村司机的道路安全意识和法律意识。交警部门有必要与基层自治组织合作，经常下乡开展道路交通安全法律法规的宣传教育。加强乡村劝酒等陋习不文明习俗的引导和治理，发挥村规民约作用。

此外，交警部门和基层政府还可通过农村大喇叭、宣传栏、电视、微信等媒介加大道路交通法律法规、特别是醉驾入刑等法律法规的宣传力度，发布因酒驾引发的交通事故案例和数据，让农村司机绷紧安全弦，使杜绝酒驾成为每个农村司机的自觉行为。

征集群众办事“堵点”应常态化

反复提交材料、多个部门间跑断腿、证明“我妈是我妈”……针对群众强烈反映的办事需要开具的证明多、流程长等问题，日前，国家发展改革委联合新华社、中国政府网面向社会公开征集群众办事的100个堵点难点问题。

征集办事堵点难点这一举措好，有利于打通便民服务“最后一公里”。一般来说，造成堵点难点的原因有二：一是有的工作人员对前来办事的群众不热心、不耐心，群众意识淡薄、服务意识不强，导致群众来回跑；二是政府部门间数据没有实现互通，各部门各办各事。

在深化“放管服”改革的大背景下，此番征集行动具有两重意义。第一，这是对近几年持续开展的“放管服”改革进行的一次“查漏补缺”。到底哪些问题还是改革盲点，哪些棘手问题仍亟待攻破，通过这一轮征集，应能得到相对清晰的答案。第二，“放管服”改革没有终点，要进一步深化“放管服”改革，政府部门就得及时掌握群众的诉求，才能确保改革的方向和精确性，提升群众的获得感。

征集办事堵点难点能进一步打通政务信息共享的“主动脉”和“毛细血管”，促进各地区、各部门加快实现政务服务“一网通办”。

当然，征集问题后关键还在于解决问题。可以预料，在此轮“放管服”改革已经取得较大成效的前提下，这次被征集的堵点难点不仅具有代表性，也可能需要多个乃至跨层级的部门联手和协调，合力参与推动解决问题。因此，各部门之间加强协作以打通信息壁垒至关重要。对于征集到的问题，涉及的机构、部门“认领”后，也应给出解决办法和时间表，对未及时解决的，应依规追责，发挥倒逼机制。

让能够共享的信息都共享，能够网上办的都网上办，能够一次办完的都一次办完，大力推进“互联网＋政务服务”，变群众跑腿为数据跑路，如此受益的将是整个社会。

我们必须要认识到，解决堵点难点问题非一蹴而就。希望各地各部门借鉴这种主动征集问题的方法，推动形成不间断征集办事堵点、畅通问题反馈渠道的常态化机制。

“最严”才能最有利于奶业振兴

“力争3年内显著提升国产婴幼儿配方乳粉的品质、竞争力和美誉度”。2018年5月，国务院从发展标准化规模养殖、强化质量安全监管、强化金融保险等方面，提出加快推进奶业振兴、保障乳品质量安全的措施。这也是中国从国家层面对奶业发展的再一次集中发力。

奶业是关系着健康中国、强壮民族不可或缺的产业。如何在政策利好的氛围下取得实质性发展，如何在奶源基地、品牌建设等方面加强监管，应是摆在国内乳品企业和相关部门面前的关键问题。

10年前，牛奶品牌的质量事件伤害了消费者的心，但也成为痛定思痛、彻底改革的开始。10年来，全行业壮士断腕、整顿振兴的决心和行动有目共睹。中国奶业的质量安全水平正进入历史最好时期。

目前中国的奶牛养殖规模化、标准化、机械化、组织化水平在显著提高，奶业全产业链质量安全监管体系、奶业法规和政策体系正日趋完善，已成为现代农业和食品工业中最具活力、增长最快的产业之一。

据官方数据显示，2017年中国奶类和乳制品产量分别达到3655万吨和2935万吨，总体规模仅次于印度和美国，居世界第三位。全国规模以上乳品加工企业610家，奶业20强企业市场销售额超过55%。

餐桌的安全，离不开牧场的质量。如今，国内大小牧场甚至家庭牧场，都装上了可视化的监测设备。牧场喂料挤奶，奶企远程可视，也让消费者安心。从更大层面看，为了餐桌上一杯健康的高品质牛奶，不仅有奶业自身革新，也有整个大农业结构的调整。

中国是乳品消费大国，由于海外品牌成本占优，价格相对便宜，海外品牌的冲击给国内乳品企业带来了巨大挑战。这就要求国内乳品企业加大研发投入，研发高品质的产品，培育国产品牌。经济的全球化，给国内品牌带来更多的发展机会。国内奶业企业可以进行海外收购或投资建厂，积极参与国际市场的竞争。当然，要在全球化竞争中胜出，不能单纯依赖产业政策。乳品企业还应提升自身实力，严格把关质量管控，走高质量发展之路，以开放的姿态迎接市场的挑战。

未来几十年间，奶业在中国仍然会是朝阳产业。十年一瞬，食品安全重拾信心，做强做优呼之欲出。不依靠别人，把优质奶捧在自己手里，中国奶业所肩负的使命，也是所有中国人的期待。

加大对“洋地名”清理规范力度

早上在“威尼斯”起床，中午到“维也纳”办事，晚上在“曼哈顿”吃饭逛街，不出城也能“周游世界”……2018年8月底，有媒体记者梳理发现，尽管我国多次提出要清理规范“洋地名”，但受经济利益驱使、迎合崇洋心态等影响，承载着中国地域文化、城市文化的地名依然不断遭受洋风侵袭。

我国《地名管理条例》《地名管理条例实施细则》明确规定，不得以外国人名、地名命名我国地名。近十年来，中央也多次对地名进行整改，凸显了中央对地名的重视，可由于执行中不够严肃，地名命名有失严谨，地名命名审核制与备案制没大的区别，洋地名依然层出不穷。

地名并非一个枯燥的名称，而是代表了一定的时间和空间刻度，存在历史、文化、社会、民族等多方面的意义。富有内涵意义及独特个性文化的地名，让人联想，勾起回忆。洋地名看似无伤大雅，也是商业化进程的一种表现，但这种崇洋文化，却让我们的传统文化着实汗颜了一把。如果地名消失了，地名所承载的记忆似乎也随之消失，名称的断裂，正是记忆的断裂。

“洋地名”泛滥，应该说，这里面存在商业炒作的成分，一些开发商滥用洋地名，实则是缺乏文化自信，价值观混乱的表现。其实，在审美和文化设计表现上，洋地名的局限性更多，很难拿捏分寸，无法于通俗中现神奇。外来的“洋地名”未必出名，我国许多“土得掉渣”的地名名扬四海，应让人有所启发。比如北京的王府井、五棵松，南京的乌衣巷，重庆的打铜街等地名，原本都以当地的井、松、人、店命名，看起来没有个性，但时间越久，越显示文化积淀。

地名命名要有独具匠心的艺术创造力。相关方面对地名的审核，应履行指导、监督、协调和规范管理责任，加大对“洋地名”清理规范力度。特别应在法律法规和民政、规划、建设、房管等部门联动层面上持续探索，推动建立提前介入机制和严格审验制度，多向专家要看法，多向百姓要意见。与其指向开发商没文化或用洋地名商业炒作，不如建议相关方面重视地名、路名等命名，通过公众命名、票选和权威部门决定确定地名，更有可行性。

地名取得好不好，归根结底还是要由群众来评判、由历史来检验。哪个地名好，生活在当地的老百姓最有发言权。毕竟，一个地名，不仅要望得见山、看得见水，还要让人记得住乡愁、挂得住乡情。

珍视“中国农民丰收节”的内涵价值

“近日，经党中央批准、国务院批复，自2018年起，将每年农历秋分设立为‘中国农民丰收节’，这是第一个在国家层面专门为农民设立的节日。”2018年6月21日，在国新办举行的新闻发布会上，农业农村部部长韩长赋表示。这个消息一出，立刻引发舆论普遍关注。

秋分，二十四节气之一，昼夜平分，秋高气爽，暑热退去，寒冬未至，正是天凉好个秋。春种秋收，春华秋实，秋分时节硕果累累，在这个时节设立“中国农民丰收节”意义重大。

节日的设立具备历史与未来的多重考量，也将传达出深厚的文化含义。设立“中国农民丰收节”可以让更多目光聚焦农村，更多的人才和资金奔向农村，振兴乡村；同时更能让亿万农民拥有自己的节日，提升农民的获得感，激发起农民的积极性、创造力，为全面建成小康社会、加快推进农业农村现代化积蓄强大动能。

“中国农民丰收节”是亿万农民庆祝丰收、享受丰收的节日，有利于进一步彰显“三农”工作重要地位，有利于提升亿万农民的荣誉感、幸福感、获得感，有利于传承弘扬中华农耕文明和优秀文化传统。

中国传统节日的起源，都与历法（节气）有着密切的关系，都反映了社会的道德、规范、礼仪等中华民族悠久的历史文化，都隐含着丰富的教育功能。比如，春节反映人们热爱家庭、团结和睦的良好愿望；清明节反映人们慎终追远、民德归厚的寻根意识。

“中国农民丰收节”无论是从内核还是外延来看，都具有设立节日的意义，而且我国自古就有庆五谷丰登的习俗，如藏族的望果节、彝族的火把节等，都有着不同文化内涵的内涵价值。

设立“中国农民丰收节”，可让人们以节为媒，释放情感、传承文化、寻找归属，可以汇聚人民对那座山、那片水、那块田的情感寄托，享受农耕文化的精神熏陶。

应从现代文明的价值体系出发，科学确定中华农耕文明的现代价值，把“中国农民丰收节”融入传统节日，引导各地结合民俗文化、农时农事，开展各具特色的活动，让其焕发出新的活力；此外，要把“中国农民丰收节”的文化元素引入校园，作为开展优秀文化传统教育的重要内容，推动中华农耕文明的传承与弘扬。

网络平台别成了招聘诈骗的帮凶

本是解决社会问题，为用户提供便利服务的网络平台，却变成了不法分子实施网络招聘诈骗等不法活动的工具。

2018年6月，媒体记者从中国裁判文书网搜索到近年来60起通过58同城、赶集网发布虚假招聘信息的诈骗案例，其中248名被告人通过发布虚假招聘信息诈骗，超过5500名被害人受骗，诈骗金额近亿元，甚至有人落入卖淫窝点、诈骗集团。但是裁判文书统计到的还只是其中一部分，很多受骗者囿于维权成本高等原因，选择忍气吞声，让一些诈骗分子逍遥法外。

最让人瞠目结舌的是，58同城、赶集网甚至还成了卖淫嫖娼违法犯罪的“温床”。一些卖淫组织团伙盯上了这些网络平台的开放性，通过平台招聘女公关，实际上就是引诱、控制妇女从事卖淫活动。

在得逞之后，这些诈骗分子迅速脱身，他们通过拉黑受害者、拖延、返还小部分诈骗款，甚至恐吓、殴打受害者来“巩固战果”。

实际上网络招聘平台陷阱泛滥导致求职者上当受骗，遭受经济损失甚至丧失性命问题由来已久，并不算什么秘密，早就引起了社会的关注。特别是在2017年，东北大学资源勘查工程专业的毕业生李文星通过BOSS直聘找工作，结果遭遇传销骗局而丢掉性命，引起舆论高度关注。

如今，网络平台已成为大多数求职者寻找工作的首要选择，这大概也是网络招聘骗局“产值”能达到亿元规模的直接原因。

从判例来看，诈骗金额最高的一份判例中，受害者2000余人，被骗中介费共计6270万元。而且裁判文书统计到的还只是其中的一部分，很多受骗者囿于维权成本高，选择忍气吞声，让一些诈骗分子得逞。这些虚假招聘信息花样百出，如以各种名目要求应聘者交纳各种费用，如岗位保证金、加油卡押金、IC卡费、服装费、办卡费、伙食费等等；另外，更常见的是让应聘者交纳体检费用，而这样看上去也很合理，甚至还有医院与骗子合作分成，进行诈骗体验。

对于这种情况，网络平台理应负有主管责任，对于在平台上发布招聘信息的用户，平台要起到监管责任；如加强事前审核，核实发布者信息的真实性，强化事中、事后的监管与惩治，对于发布不实信息、利用网络平台实行诈骗的，要依据情况做出处罚，或是注销、拉入黑名单等，对于发现涉嫌违法犯罪的，要移交相关部门处理。

监管部门应加大对网络招聘诈骗的打击力度，督促网络平台积极履职，对于履职不力的要给予相应处置。作为应聘者也要谨防被骗，一旦被骗，及时向平台和公安机关举报。只有通过各方努力形成的合力，才能填平网络平台上的招聘陷阱。

拒收现金损害消费者支付选择权

人民银行营业管理部2018年11月13日通报，北京地区拒收现金整治工作取得阶段性成效。截至目前，人行营管部处理了30起不同类型的拒收现金行为，约谈了两家企业。

“出门可以不带现金，但必须带上手机。”移动支付的不断普及已深刻改变了中国人的生活方式。君不见，大到商场、酒店，小到街头小店、早点铺等各类消费场所，微信钱包、支付宝已经成为现在人们生活中一种常见的支付方式。

然而，近年来，消费者在旅游景区、餐饮、零售等场所消费时被商家拒收现金的事件时有发生。例如，少数商户只支持单一的非银行支付，排斥包括现金在内的其他支付方式；一些消费者在旅游景区、餐饮、零售等行业商户消费时，被拒收人民币现金。个别互联网公司不当开展“无现金社会”活动，甚至提出“消灭现金”的口号，于法无据，误导大众。相关部门一份调查显示，在受访的2万多个商户中，近四成表示过去一年中曾“拒收现金”；在受访的3万多名消费者中，超三成反映在过去一年内经历过“拒收现金”。

这一状况也引发了监管部门的注意。2018年7月13日，中国人民银行发布公告强调，中华人民共和国的法定货币是人民币，包括纸币和硬币，任何单位和个人不得以格式条款、通知、声明、告示等方式拒收现金。

在现阶段，一些商家拒收现金，不仅违反了《人民币管理条例》，而且也涉嫌违反了《消费者权益保护法》，消费者有权利选择任何一种结算方式进行消费。我们提倡移动支付，即“非现金”支付；但“非现金”并不等于

“无现金”，更不等于“拒现金”，两者不能混为一谈。

可见，拒收现金既损害了人民币的法定地位，也损害了消费者对支付方式的选择权。无论是信用卡、储蓄卡，还是现钞、移动支付，都应该是支付手段的一种方式，而不能以一种方式完全取代另一种方式。

尽管现代支付方式发展迅速，给人民生活带来巨大便利，是未来趋势，但流通中现金需求量仍然较大，还有不少人依赖现金支付。对于广大中老年人和农村地区，现金支付还是重要的支付方式。

从全球范围看，尽管非现金支付发展迅速，但现金使用仍然占有较大比重。即使在北欧一些力推“无现金社会”的国家，经过多年尝试，现金仍然存在，并没有在短期内消失。对于我国这样一个幅员辽阔、人口众多、需求多样的国家而言，未来很长一段时间内，多种支付结算方式将继续共存。

电子支付快速发展的现实，要求尽快完善相关法律法规。对于拒收人民币的商家应处以警告、罚款，罚款的额度，要超过使用电子支付获得的益处，切实提高拒收人民币现金的违法成本。如果消费者发现拒收或者采取歧视性措施排斥现金的行为，可以向当地人民银行分支机构举报，还通过消费者权益保护、城市政务热线、金融消费权益保护等各种渠道进行投诉、举报。

收视率造假这颗“毒瘤”早该摘了

国家广播电视总局2018年11月9日公布《关于进一步加强广播电视和网络视听文艺节目管理的通知》，要求坚决遏制追星炒星、泛娱乐化等不良倾向，严控片酬，坚决打击收视率（点击率）造假行为。

收视率概念从进入中国的那一天起，便一直伴随着各种议论、纷争和质疑。有人推崇，有人挞伐。曝光收视率造假，让这个原本属于电视及其相关行业的“内部问题”公开化。

近年来，随着国内电视业市场转型的逐步深入，以收视率为标准的市场游戏规则逐渐发力，由此催生了收视率买卖现象。

其实，收视率造假作为电视行业的潜规则，已存在多年，并呈愈演愈烈之势。一部电视剧购买收视率的价格，从早年的每集几千元一路飙升到如今的每集几十万元，几乎成了制作方的“无法承受之重”。优秀的作品如果不“运作”、不投资购买收视率，有可能遭封杀，甚至血本无回。而一些善于运营的“垃圾剧”，也可能因为购买收视率而赚得盆满钵满，这背离了行业伦理，也是对创作者的伤害。

影视剧是公众离不开的精神食粮，收视率造假会导致影视剧市场泥沙俱下、良莠不分，甚至价值观扭曲、歪风盛行，最终会带偏市场良心，损害影视作品品质。如今毒瘤已经扩散蔓延，发展到了阻碍电视剧市场的正常运营秩序，危及整个电视行业健康发展的严重程度。如此危害巨大的黑色链条，之所以始终难以被根除，是因为其触及了行业各方的切身利益，牵一发而动全身。

关于收视率造假，多年来相关部门一直三令五申坚决抵制，也采取了相关措施，但屡禁不止，还是背后畸形的利益关系在作祟。治理整顿收视率造假，意味着巨大的利益调整，以及既有利益格局的解构和洗牌，这需要坚定的决心和监管部门的强力介入。

收视率造假乱象更像是一个矛盾综合体，单纯依靠行政干预难以彻底解决，更呼唤法治和社会力量多管齐下、联合行动。要探索出一条适合中国国情的收视率监管之路，既需要“他山之石”，亦需要我们自己“勤学笃行”，进行本土化创新。弄清事实，从源头上捣毁利益链条，从体制机制上下功夫。从当前的技术条件看，收视率造假问题并非不可解决。对数据统计机构严格监管，引入多方面的评价机制，就能营造更加公平的竞争环境，引导电视剧行业良性发展。

请用降级摘星处理星级饭店卫生乱象

2018年11月14日晚，媒体曝光多家酒店使用同一块脏抹布、脏浴巾或脏海绵擦拭杯子、洗手台、镜面等问题，引发社会广泛关注。

这些酒店被曝光后，有的酒店回应称，单一事件不代表酒店管理标准；有的酒店则承认视频属实，向公众道歉；还有酒店辩解称，他们不会存在这种低级问题。对此乱象，上海市旅游局表示，正在核实调查。对证据确凿的涉事酒店，将积极协调各相关执法部门予以严处。

酒店行业的卫生乱象被曝光已经不是第一次了。这次如此令人关注，是因为这些酒店价格高昂，而内部卫生管理如此混乱，颠覆了我们对五星级酒店卫生条件的想象。国内酒店行业佼佼者的卫生都是这个样子，其他酒店可想而知。

收费不低的五星级酒店，按理说对卫生要求会更高。然而，2017年就有测评机构称“北京五星级酒店退房不换床品”，以及有视频曝光“哈尔滨五星级酒店马桶刷刷杯子”等，这次又有很多家五星级酒店因卫生乱象出现在视频中。

高星级酒店卫生问题屡屡发生，员工素质低、酒店管理差，才是根本原因。当然，外部监督、行政监管不到位，也是原因之一。

从行业到企业都出台过相关操作规范，但一线服务人员没有按规范要求操作。而酒店管理方也有很多办法去制约一线服务人员，比如，对打扫房间环节重点监督，对服务人员配备工作记录仪等，但并没这么做，可见管理能力有待提升。

尽管网友和测评机构已先后曝光过多家酒店的卫生问题，但总体来说外部监督是碎片化的，没有形成持续有效的震慑力，所以已曝光的案例没有引起其他酒店足够重视，或者说其他酒店仍抱有侥幸心理。在这种情况下，相关部门只有强化日常监管，并对问题酒店严厉处罚，才有望达到明显的治理效果。

从日常监管角度说，旅游主管部门可以一方面有奖鼓励旅客和业内人士举报酒店卫生问题；另一方面，可以对酒店卫生状况进行不定期的突击检查，包括明查和暗访。对于确实存在卫生问题的酒店，不仅要依照《公共场所卫生管理条例》及其实施细则从严从重处罚，还应该建立酒店业卫生“黑名单”。

相关政府部门应更加重视事前监管工作。按相关明文规定，对应该“摘星”的酒店，要坚决“摘星”。无论是硬件不达标还是软件不过关，无论是服务质量低还是管理混乱，都坚决予以退出，以此促使所有酒店企业严格自律、守法经营，自觉提升服务质量，维护品牌价值。

但遗憾的是，之前因卫生问题被整改的酒店，其星级并未受到影响。即便被摘星的酒店，也是因为多个问题。实际上，酒店卫生问题不仅损害消费者权益，而且会影响酒店业乃至旅游业形象。因此，可以考虑把卫生问题作为酒店降星或摘星的主要指标乃至唯一指标，即卫生不合格“一票否决”。

年轻人何以宁送外卖不去工厂

2019年2月下旬，春节后的招工进入了关键的密集期。但笔者从不少大型招聘会上得到的反馈来看，制造业、服务业普工或称万能工的“招工荒”，比以往更令人关切。有浙江的企业主表示，2019年招工“收成”少的可不是一点半点，甚至面临“颗粒无收”的局面。

曾经，工人是人人羡慕的工作，谁家是工人出身，在婚恋市场上，那都是昂着脖颈说话的。但现在，工厂工人仿佛成了就业鄙视链的最底端，即便是东跑西颠地送外卖送快递，也好过日复一日在生产线上起早贪黑。

而根据美团点评研究院此前发布的《2018年外卖骑手群体研究报告》，31%的骑手在送外卖之前，其职业身份都是产业工人。现实也的确如此，制造业用工荒逐年凸显，外卖小哥却逐年增多。2015年，美团外卖骑手人数仅为1.5万人，但到了2018年第四季度，日均活跃骑手人数已接近60万人，而饿了么旗下蜂鸟骑手的注册人数则早已突破300万人。

“宁送外卖不去工厂”作为当下年轻人就业的一个新动向，的确是需要好好研究。对于年轻人来说，到工厂工作，考虑的无非是几个问题：待遇、前景、子女的读书、房子等等。如果工厂能够给予较好的经济待遇，能够规划员工的职业生涯，能够帮助解决子女的读书问题，能够提供租房等等，想必是能够提高吸引力的。不可否认的是，如今说到工人，大多数人的脑海中，会出现苦、累、脏这样的字眼。再说，这一代年轻人不一样。他们成长在互联网时代，接触的信息也远多于父辈，除了追求基本的温饱与物质满足，他们还有更多精神层面的需求，个性也更加鲜明。在传统工厂流水线上机械式的工作，束缚与压抑了他们精神层面的需求，也限制了他们个性的发挥。而在外卖行业，工作时间更加自由，劳动强度可以由他们自己掌控。只要足够努力，就能够获得较为丰厚的报酬。另外，相比于整天固定在流水线上的工人，外卖小哥能接触到更多的人与事，这对于年轻人来说也是至关重要的一个方面。

工厂要提高自身的吸引力，让年轻人更愿意到工厂上班。首先，工资待遇无疑是求职者在选择职业过程中考虑的重要因素。制造业企业要想在市场中赢得求职者的青睐，就必须真心实意地提升求职者的工资待遇。事实证明，工资待遇较高的企业在招聘中往往占据优势，在人才市场中好的岗位求职者趋之若鹜。相反，一些企业不仅工资待遇低，而且在“五险一金”方面缺乏保障；一些企业虽然开出高工资，但要么是高工资对应高负荷工作，要么在实际发放中克扣截留。这不仅让企业本身失去吸引力，更可能造成既有员工的流失。

其次，工厂要改变把工人当“机器”看的理念。相比于任劳任怨、埋头工作的父辈，年轻人除了工作，还想要丰富的业余生活。而在很多的流水线工厂工作，除了干活还是干活，整天就是工厂、食堂、宿舍三点之间的单调重复。工厂一方面要改进生产技艺，例如用机器取代工人从事机械重复的工作，而让被解放出来的工人来操作、管理机器；另一方面，也应丰富工人的业余生活，让他们在工作之余，也能有符合年轻人需求的社交、文娱等活动。

第三，企业有必要将工人作为人才进行培养，重视人才，为其营造向上发展通道，才能呈现出自身的优势。现如今务工人员的素质较以往有了很大提升，较高的文化水平使他们具备自我学习能力，只要企业提供培训、学习的机会，让他们更多地接触不同岗位的锻炼，他们便能拥有向上的机会。这需要转变企业的用人观念，让工人们把工厂视为学习的地方而不仅是谋生的地方。

别再让公共维修资金“沉睡”

民法典物权编草案二审稿2019年4月20日提交十三届全国人大常委会第十次会议审议，其中的一大亮点是完善了公共维修资金使用的表决程序——使用建筑物及其附属设施的维修资金，应当经参与表决专有部分面积过半数的业主且参与表决人数过半数的业主同意。

根据现有制度规定，使用公共维修资金要经专有部分占建筑物总面积三分之二以上且占总人数三分之二以上业主同意。该资金申请程序是：先鉴定损坏程度，业委会、物业服务企业或业主代表提出维修方案，经两个“2/3”以上的业主签名同意，并经两次公示后，才能进行审批。

公共维修资金制度始于1998年，多年来，这一基金的累计金额越来越多，但使用比例一直很低。根据各地的统计数据，全国缴存在的公共维修基金已经超过万亿元，但是使用率却不足1%。公共维修资金使用率低，造成很多小区公共设施损坏后无法及时修复，影响小区品质和业主的生活品质，而导致使用难的主要原因是表决难、程序繁琐。

而物权编草案一审稿中，要求“双过四分之三”同意，二审稿中拟规定业主“双过半”同意即可，进一步降低了表决难度。

要使公共维修金不再“沉睡”，在降低表决难度的同时，还应该简化程序、节省时间，不妨多采用现代技术手段。如今广州有约1200个小区建立了数据库，小区业主可使用电子投票系统决策小区重要事项；“北京业主”APP已覆盖1200余个小区，业主可使用APP投票表决公共事项，类似做法都值得推广。

关于紧急情况下申请使用维修资金的规定还有待进一步完善。紧急情况下，物业服务企业、业主都应有权申请使用维修资金；业主大会、业主委员会有召集程序的要求，在时间来不及的情况或不履行职责或无人管理的情形，应赋予相关业主申请权利。此外，还需及时修改已存在多年的《住宅专项维修资金管理办法》，使其与法律规定保持一致，从而统一提升资金使用效率。

公共维修资金使用门槛降低固然重要，还需要完善相关监督机制，让公共维修资金法律政策在实施中不走形、不变样。

一方面，需要进一步健全信息公开机制，让所有的公共维修资金都“晒”在阳光下。这不仅是保障业主知情权、参与权、表达权、监督权的需要，也有利于遏制少数人玩猫腻的冲动，增加违规操作的难度和不法行为暴露的可能。另一方面，由政府埋单，引入第三方评审机制，严格把控工程造价，促进维修资金公正透明使用，提高资金使用效率，切实保障业主权益。

第三辑

解民生之忧

鲁迅曾说：“多数的力量是伟大的、要紧的，有志于改革者倘不深知民众的心，设法利导，改进，则无论怎样的高文宏议，浪漫古典，都和他们无干，仅止于几个人在书房中互相叹赏。”今日之中国，需要大刀阔斧进行改革，而改革只有深入了解民之所望，给人民带来更多的获得感，才能在时代的浪潮中不迷航。

“无人经济”不能法外裸奔

随着云计算、大数据、人工智能等技术手段的革新，机器代替人力在娱乐、生活等日常消费场景中有了越来越多的应用——无人餐厅、无人超市、无人图书馆、无人KTV等“无人经济”服务在各地相继涌现。

当前“无人经济”已日益呈现规模化、行业化、智能化的趋势，借助“互联网＋”的优势，正在逐渐发展成为一种新兴的市场业态。主要包括四类：零售类包括便利货架、自助售卖机、无人便利店等；娱乐类包括迷你KTV、娃娃机、照片打印机等；生活类包括自助洗车、智能快递柜等；健康类包括自助健身房、无人按摩椅等，基本覆盖了人们日常生活的方方面面。

“无人经济”的兴起，不但降低了商家的经营成本，也凭借更加便捷、周到的服务，更好地满足消费者多元化、科技化、时尚化的诉求。

但是，作为一种蓬勃发展的新生事物，“无人经济”发展过程中也面临多种挑战。在监管方面，“无人经济”仍有监管盲区，消费者信息安全和隐私保护缺乏相应的法律保障。在“无人”模式下消费，消费者大都用手机支付，个人信息泄露的风险极大。比如，消费者进入无人超市，支付需要扫二维码，这个二维码就存在安全隐患。如果有人要恶意更换，盗取账户的资金，损失由谁负责？当下的“无人经济”各项操作尚没有人把控，风险不少也不小。

在技术方面，“无人经济”也存有短板。例如：使用自动售卖机时，有时会遇到付款后机器不出货、零钱无法退还、无法输入验证码等情况，缺乏后援服务；“无人经济”提供的更多是简化服务，比如智能KTV空间局促，只可替代传统KTV的唱歌功能，互动、活跃现场等效果大打折扣，照片打印机打出来的照片通常不够清晰等。

“无人经济”的发展是大势所趋，要进一步提升品质和服务质量，让消费者获得更好的购物体验，就不能法外裸奔。有关部门宜制定或修改相关法律法规，明确“无人经济”的业态性质、标准、准入条件、经营者义务、消费者权利、范围边界、监管责任部门等，补齐相应的法律短板。

同时，企业还需在技术升级和革新的路上精益求精，增强服务系统互动性，尊重消费者合法权益，为消费者提供更实惠、便捷、安全的服务。特别是，要着力解决好消费者最为担忧的信息安全和隐私保护问题，这对于未来“无人经济”能否长远健康地发展，显得尤为重要。

畅通自由职业人才职称评价渠道

北京市正在大力推进给自由职业人才评职称，仅在动漫游戏、数字编辑这两个专业，就已有1300余人取得了相应职称。2018年年底，北京市还有一批自由职业人才获得了高级和中级职称。他们中有网络作家，有二十多年来扎根宋庄的职业画家，有崭露头角的青年美术家，也有怀揣艺术梦想的年轻演员。

近年来，随着新职业、新业态不断涌现，一批从事专业技术工作的自由职业人才脱颖而出，他们对于评定职称、获得社会认可、谋求职业发展的需求越来越迫切。

职称制度是专业技术人才的评价和管理制度。人社部早前印发的《职称评审管理暂行规定》明确，对于非公有制经济组织和自由职业者，职称评审同样适用。

打破国籍、户籍、身份等制约，将自由职业者纳入职称评价范围，前提是解决好“谁来推荐、评价什么”的关键问题。

常规的职称评审，申报人须提交业务理论文章作为答辩评议的重要内容，并由所在单位把关和推荐。自由职业者没有单位，工作性质更为自由、松散，为了更好地考察其个人品德、职业能力和实际业绩，可以由自由职业人才聚集的艺术区来推荐，也可以由最了解相关领域情况的行业协会来推荐，以保障职称评审的公平公正。

自由职业人才以市场需求为导向，活跃在市场一线，对他们，可通过代表作展示、创作理念方法陈述、回答评委提问等方式进行评审。

下一步，北京将根据首都经济社会发展需要，增设技术经纪、知识产权、人工智能、创意设计等职称评价专业，为在北京工作生活的各类人才提供更为优质的评价服务。

期待全国其他地方学习北京经验，以实际行动让自由职业人才感受到全社会的尊重与认可。

民间借贷要有堵有疏

2018年5月4日，中国银保监会、公安部、国家市场监管总局、中国人民银行联合发布《关于规范民间借贷行为维护经济金融秩序有关事项的通知》要求，民间借贷活动必须严格遵守国家法律法规的有关规定，遵循自愿互助、诚实信用的原则。严厉打击以故意伤害、非法拘禁、侮辱、恐吓、威胁、骚扰等非法手段催收贷款。

民间借贷是近年来比较活跃的一种资金借贷和企业融资方式，弥补了正规金融机构无法覆盖的范围，也为民企、个人提供了便利的借贷服务。

虽然民间借贷没有在法律上提出禁止要求，一定的借贷行为也符合相关的法规要求，但从实际情况来看，相当一部分民间借贷行为已经异化。比如，发放高利贷、非法吸收公众存款、采取不正当的催收行为等，社会负面影响非常严重。因此，民间借贷是该上“紧箍”了。

如果民间借贷行为得以规范，对解决经济社会发展中的一些矛盾和问题，特别是小微企业的融资问题、居民的临时资金需求问题等，能够发挥一定作用。关键就在于，必须防止民间借贷行为变成了极少数人牟取暴利、获取不当利益、损害他人利益的工具。

目前的民间借贷乱象，已经影响社会稳定、带来社会危害、产生不良后果、扰乱金融市场秩序，再不加以规范和约束，就极有可能造成更大的社会危害，带来更多不良后果。

金融稳则经济稳。当下我国经济处于转型拐点，新旧动能转换成为推动经济增长的主要动力，但是经济发展并不稳固，资本脱实入虚的问题非常严重，炒作之风盛行，扰乱了经济发展秩序，急需扭转这一不利局面。在打击金融乱象之际，对民间借贷进行规范管理，也有助于改变民间资本投资方向，降低民间借贷成本，促进借贷行为合规化，驱使民间资本脱虚入实，降低民间借贷风险，建立起防火墙，防范发生民间金融危机。

严厉打击非法集资、非法放贷可以说是“堵”，但更重要的是“疏”。“疏”包括两方面：一是为庞大的民间资金提供合适的投资渠道；二是为资金需求方，包含个体和小微企业提供便利、低成本的借贷渠道。两者同样重要。

在规范民间借贷行为、强力打击这个领域非法行为的同时，合法的金融机构应加大力度开发更多面向不同群体的信贷产品，降低小微企业及个体经营者融资、借贷成本。

如果个体和小微企业可以获得更多便捷、低成本的借贷和融资渠道，就能有效消减民间借贷中存在的痼疾。

“网约工”劳动权益不容漠视

“网约工”是一种新的就业形态。当下的一些送餐员、网约车司机、网约厨师、保洁工、保健师等，都是通过互联网服务平台获得就业机会，被称为“网约工”。然而，这个群体却一直处于劳动权益保障的灰色地带。

国家信息中心数据显示，2016年，我国参与分享经济的人数为6亿人左右，参与提供服务的人数约6000万人，其中大部分属于灵活就业。预计到2020年，分享经济提供服务者人数有望超过1亿人，其中全职参与人员约2000万人。

但是，针对这种新的就业形态，相关机制建设却仍落后于社会创新的脚步，“网约工”尚处于法律法规的监管盲区。首先，社会保障缺失。“网约工”提供的是“登门”服务，强移动性是“网约工”的职业特性，这易导致工伤风险多发。上海市公安局交警总队统计数据显示，仅2017上半年，涉及上海市送餐外卖行业的伤亡道路交通事故，就发生了共76起。

尽管平台企业与很多“网约工”形成了实质上的雇佣关系，但并不与“网约工”签订任何形式的劳动合同，也不提供“五险一金”，仅有少数企业为其购买相关的意外伤害保险，“网约工”权益保障仍在盲区。一旦遇到事故，他们常遭平台“甩锅”，被迫承担企业经营风险与自身社会保障责任。

其次，企业用工劳动争议风险。目前“网约工”劳动争议已进入劳动仲裁、司法诉讼。近两年，北京、上海两地法院先后审理多起“网约工”劳动纠纷，诉求集中在要求确认劳动关系、获得工伤待遇、缴纳社会保险等方面。而相关制度规范的不健全，既为企业经营增加了风险，也易增加社会的不安定因素。

第三，政府托底救济的保障体系待完善。“网约工”这一新型从业群体的权益保障问题，也给“互联网＋”背景下的公共政策制定提出了新难题。有必要与时俱进地厘清“网约工”与平台企业的劳动关系，即权利与义务关系，除工资薪酬外，还包括“五险一金”保障权利，以及包括责任事故、工伤事故等法律赔偿责任的严格界定。

建议立足新型就业业态，建立完善与之匹配的社会保障政策，精准施策。或增强现行社保制度缴费标准的弹性，完善“网约工”的社保制度，明确“网约工”以灵活就业人员身份参保缴费；确定平台企业的工伤保险缴费义务；此外，更要制定“网约工”失业保险规定，逐步构建全国统一的保险体系。

建筑工人实名制属多赢之举

住房和城乡建设部、人力资源社会保障部联合制定的《建筑工人实名制管理办法（试行）》自2019年3月1日起开始施行。

所谓建筑工人实名制，就是指对建筑企业所招用建筑工人的从业、培训、技能和权益保障等以真实身份信息认证方式进行综合管理的制度。实名制信息包括基本信息、从业信息、诚信信息等内容。这也就意味着，建筑工人实名制管理实施后，所有的建筑工人信息必须录入建筑工人管理服务信息平台系统。

当下，建筑企业是农民工进城就业主要领域之一。而建筑企业对工人基本信息不清楚，造成多重隐患。一些建筑企业少有岗前培训，为建筑工程质量带来安全隐患。一些建筑工人流动频繁，往往没有与建筑企业签订劳动合同，有的建筑企业不依法为其办理工伤、养老保险等，欠薪高发，侵害工人合法权益。个别有劣迹行为的人以建筑工人身份作掩护，影响社会稳定。

建筑工人实名制管理，属多赢之举。首先，有利于用工更规范。比如，根据《办法》坚持建筑企业与农民工先签订劳动合同后进场施工，对其进行基本安全培训，并在相关建筑工人实名制管理平台上登记，方可允许其进入施工现场从事与建筑作业相关的活动。签订劳动合同无疑让建筑工人有了法律“护身服”，且是规范用工的重要基础。

其次，能够规范建筑工人从业行为。建筑工人实名制信息由基本信息、从业信息、诚信信息等内容组成。基本信息应包括建筑工人和项目管理人员的身份证信息、文化程度、工种（专业）、技能（职称或岗位证书）等级和基本安全培训等信息。这些信息的登记，对于建筑工人从事相关岗位工作，具有重要参考依据，所以有利于规范其从业行为。

第三，能够遏制欠薪现象。根据《办法》建筑企业应依法按劳动合同约定，通过农民工工资专用账户按月足额将工资直接发放给建筑工人，并按规定在施工现场显著位置设置“建筑工人维权告示牌”，公开相关信息。住房和城乡建设部门、人力资源社会保障部门还将加强数据共享，建立建筑工人权益保障预警机制，这些让建筑工人工资更有保障。

建筑工人实名制管理，“落实”是关键。有关部门宜运用法律手段保障建筑工人实名制管理平台刚性运转，让建筑企业上线成为强制性法律义务，不可或缺。同时，要各级住房和城乡建设部门、人力资源社会保障部门对下级部门落实建筑工人实名制管理情况进行监督检查，发现问题责令限期整改，拒不整改或整改不到位的，列入重点监管范围，提请有关部门进行问责。此外，还需相关部门不断对平台进行升级改造，对信息及时添加整理等。

让技术工人活得更体面

2018年3月22日，中共中央办公厅、国务院办公厅印发了《关于提高技术工人待遇的意见》。中国人力资源和社会保障部有关负责人表示，将提升技术工人的社会待遇、政治待遇、经济待遇，在全社会营造“尊重劳动”的氛围，为中国迈向制造强国提供人才支撑。

技工有力量，企业才有希望，中国制造才有未来。“技工荒”长期存在，中国制造面临着较严峻的“人才瓶颈”与“技能短板”。目前，中国就业人员是7.76亿人，技术工人有1.65亿人，其中高技能人才仅有4700多万人，仅占就业人员的6%。从市场供求看，近几年人才市场上，技术工人的求人倍率一直保持在1.5以上，高级技工的求人倍率甚至达到2以上的水平，供需矛盾突出。企业对技能型工人短缺的问题反映强烈。

当下，“技工荒”的深层次原因是技术工人的“含金量”不高。不但工资收入很一般，技术含量以及重要性没有在收入层面得到充分体现，而且在社会大众心目中的地位很普通，与白领存在“身份差异”。此外，这一阶层在企业的话语权不强，维护自身权益的分量不够……技术价值不仅是体现在工作中、表现在机器上，还需要与之匹配的薪酬，以及有尊严、被尊重。因此，当今不少年轻人宁愿去做销售、策划等行业。然而，中国制造业要实现良性发展，要由“制造大国”向“制造强国”迈进，拥有大批技术工人是基本的前提条件。

从世界范围来看，但凡强国都是技师技工大国。作为技术创新大国和制造业强国，德国不仅需要顶尖的科研和工程人才，而且对高素质技术工人也有大量需求，以此来保证德国产品的一流品质。德国对于技术工人的培养，有着一套适合本国国情和产业结构的完善体系。技术工人的各种待遇均可得到充分的保障。

在教育方面，德国小学四年之后就会按照学习能力分到不同学校，少数成绩最好的孩子进入文理中学，这也是通往大学的必经之路。其他大部分孩子则进入以职业教育为主的普通学校，为他们将来走上技术工作岗位打下坚实基础。所以很多德国技术工人都是“童子功”，专业技能非常厉害。这种职业教育通常都会与相关企业挂钩，学校理论与企业实践相结合，为企业培养出合格的后备力量。这些技术工人一旦走上工作岗位，很快就能学以致用，为企业发展做出贡献。而经过学徒及试用期，签署正式的合同后，技术工人的薪水和各种待遇，如社保、医保、休假、按步骤涨工资等都能得到充分保障。

德国企业特别是家族式的中小企业对技术工人尤为重视和善待，一些经验丰富的老员工会享有丰厚报酬，而这些技术工人也会把企业的事当成自己的事，充分发挥自己才能，将工作做到极致。

再说说日本。日本蓝领工人的薪资水平相对其他国家来说处于较高水平。一名高级技术工人能够依靠薪水负担全家的开销，其妻子可以选择做全职主妇并养育多名子女。正因为有丰厚的收入为后盾，日本的技术工人能够全身心投入工作中，并不断开发出新技术和产品。比如，东京部分公交车司机的年收入高达1000万日元，是白领年均收入的两倍多。当然，在蓝领工人中，技术含量高的工人和普通工人收入是有区别的，正式员工与非正式员工也有区别。

可见，对于技术工人来讲，“薪”不足则力不强，“薪”有余则力更足。提高技术工人待遇，才能在全社会形成尊崇工匠、争做工匠和做好工匠的职业价值取向，才能造就大批的合格技术工人，满足发展的人才需要。不管什么行业，待遇水平都会影响职业荣誉感、获得感，而这些与工作积极性、主动性、创造性息息相关。由此，大力提高中国技术工人的待遇势在必行。

从中央到地方，对技术工人的重视程度正显著提升。具体而言，要发挥好政府、企业、社会协同作用，如通过专项补贴，鼓励企业提高技能人才收入水平；在薪酬、落户、培训等方面采取措施，强化“技高者多得、多劳者多得”的分配原则；进一步畅通技术工人成长成才渠道，加大公共培训服务，支持技术工人凭技能提高待遇，营造尊重劳动、崇尚技能的氛围。

提高技术工人待遇，增强技术工人职业荣誉感、自豪感、获得感，必然会让工匠“火”起来。期待今后提高技术工人待遇的举措越来越多，让他们拥有更多社会认同感和职业荣誉感，让更多中国工匠用技术惊艳世界。

进一步完善企业用工制度

在2019年全国“两会”期间，全国人大代表、航天科工集团首席技师戴天方说，近年来，劳务派遣人员在企业内比例激增，但收入和福利等与其他用工形式相差较大，同工同酬制度落实不够，职工归属感不足。

目前企业用工形式大体有正式用工、人事代理用工、劳务派遣用工三种。按照《劳动合同法》的规定，被派遣劳动者享有与用工单位的劳动者同工同酬的权利。但现实中，该规定往往得不到深入的落实。这仅仅是企业用工制度不规范的具体体现之一。

企业用工制度不规范，是近年企业“招工难”，很多年轻人“宁送外卖不进工厂”的主要原因之一。这也使得企业，尤其劳动密集型行业，劳动争议始终相对高发、频发的态势。

同时，也制约高质量就业，对个人而言，缺乏合理增长的劳动报酬、稳定的工作机会、良好的就业环境、完善的社会保障和体面的社会地位；对于一个经济体而言，缺乏充分的就业机会、公平的就业环境、良好的就业能力、合理的就业结构、和谐的劳动关系。

企业用工制度需进一步完善，以促进高质量就业。首先，有关部门要督促企业设立专门人事管理部门，配备专业法务人员和会计，尽职尽责做好员工招聘、合同订立、开展培训、职工档案的建立和保管等工作。

其次，建立规范的劳动规章制度，符合“民主程序制定”“合法”“公示”三个条件，内容合理、合法，并采取公告张贴、制度培训等方法进行公示。

第三，建立完善的薪酬体系，坚决杜绝低于行业最低工资标准的现象存在及蔓延，极力缩小不同用工方式之间的收入分配差距，实现真正意义上的同工同酬。

此外，完善政府、工会、企业共同参与的协商协调机制，构建和谐劳动关系，为提高就业质量提供重要保障。特别是，要完善企业工会，充分发挥工会的组织力量，帮助和指导劳动者与用人单位依法订立并履行劳动合同，平衡劳资双方利益。

“共享护士”还需更多制度呵护

“省去了路上和就诊排队的时间，花了不到200元，特别值得。”日前，家住福建福州城郊的老李，通过一款APP约了两名护士上门为其护理。据报道，巨大的护理需求和专业护理力量通过“互联网”的形式整合，“共享护士”正走进普通居民家庭，为消费者提供便捷高效的服务。

从“共享单车”“共享充电宝”再到“共享护士”，随着互联网经济和共享经济的发展，多个领域都在积极探索“共享”模式，在医疗卫生领域，2017年全国首个“共享医生”平台在广州落地，随后出现了多个“共享护士”平台。

目前，以“共享”为名的医护上门服务正在全国各地兴起，包括上门打针输液、静脉采血、外科伤口换药、灌肠、吸痰导尿、鼻饲护理及指导等10多项。“共享护士”借助分享经济模式，将分散的护士资源进行优化配置，打破了传统医疗行业壁垒，为市民特别是给行动不便的老人和患者带来了实实在在的便利。

据测算，2020年全国60岁以上老年人口将增加到2.55亿人左右，占总人口比重提升到17.8%左右；高龄老年人将增加到2900万人左右，独居和空巢老年人将增加到1.18亿人左右。

这么多老人，特别是在家养老的老人，都将面临医疗护理难题。“共享护士”可以减轻家庭养老压力。更重要的是，护士们是经过培训的技能人才，与普通的保姆、护工相比，她们的服务更加专业、周到。

“共享护士”模式对于护士而言，在发挥自己专业能力的同时还可以获得收入。目前我国护士整体收入水平较低，流失率很高，缺口较大，“共享护士”能够提高护士收入，激活社会资源，缓解缺口压力。

“共享护士”减轻了养老压力，但“共享护士”在服务过程中，如何保证操作的安全性必须要考虑周全。一旦服务过程出现意外，就可能导致无法预料的后果。而且在服务过程中因为涉及隐私还不能全程记录服务过程，所以出现纠纷将无法举证。目前，“共享护士”上门提供服务的行业标准尚未统一、仍缺乏风险规避制度等，万一发生医疗事故，就可能出现法律责任不明的问题。

对部分老人来说，由于担心上门护士护理不规范，不敢轻易预约这种服务。对不少护士而言，由于担心人身安全等相关风险，轻易不敢兼职担任“共享护士”。这些掣肘因素还影响到风投的积极性。

任何事情都是一把“双刃剑”，“共享护士”的利与弊共存。由此，应尽快出台规范性标准和制度，各地有关职能部门加大履行监管监督责任。只有制度化、规范化，才能给护士们信心，愿意兼职，也才能打消部分患者的顾虑，同时也可给投资者信心，共同推动“共享护士”加快发展。

让“天价退票费”进入可治理范畴

为切实改进和提升票务服务，维护旅客合法权益，民航局2018年7月17日发布了《关于改进民航票务服务工作的通知》，对航空公司、OTA平台（在线旅行社平台）和销售代理企业等在规范制度、改进服务方面提出具体要求。

此次民航局明确要求航空公司严格执行明码标价规定，清楚告知旅客退改签收费标准；制定机票退改签收费“阶梯费率”；确保全渠道（含直销和分销渠道）退改签收费标准一致；对于旅客因病无法乘机并要求退票的，不得收取退票费等。此外，销售代理企业不得擅自更改航空公司的退改签收费标准，严禁在退改签收费标准之外向旅客加收额外费用；在旅客购票过程中，要清楚告知旅客退改签收费标准等条件；OTA对违规操作的销售代理企业坚决予以清退。

机票一旦购买想退或者改签就要付出高额成本，一直以来旅客们似乎也都习惯了“霸王条款”并默默接受。近段时间以来，“天价退票费”的新闻屡见报端。消费者只有在预订选择某一条航线某一个航班的时候才会在不同的机票折扣下方看到其退改签的规则以及需要支付的金额。而且每家费用不一样，比如北京至上海航线，东航的退改签政策是5折以下的机票，在离站两个小时之内退票要收取100%的退票费，改签要收取票面价格50%的手续费。

江苏省消保委于2018年4月份公布的调查显示，30.7%的消费者遇到过提前很多天改签，但仍被收取高额改签费用的情况；23.5%的消费者有过退票费用比机票价格高的经历，其中最高的一例退票费，竟然是机票价格的3倍；特价机票基本不退不换，或者只退机场建设费、燃油附加费。

必须承认，旅客行程变化带来的退改签，可能会给航空公司造成一定的损失，作为“过错方”的旅客理当承担相应的责任，支付改签费或退票费。但是，费用的设置应当合情合理、公平公正，不能狮子大开口，想收多少就收多少。高额的退改签费用，明显不合理、不公正，特价机票的不改签、不退票，让旅客手中的机票完全作废，这显然是航空公司用自身的相对优势实施的霸王条款。

在此背景下，民航局下发这个文件，也是回应社会关切，从具体内容看，其规定也是有的放矢。在期待成效之余也要看到，民航运输与票务服务有其复杂性。要彻底解决退改签乱象，有些进一步的措施也需要提上日程。就当下看，民航业很多服务乱象，旅客囿于信息不对称，很可能被“套路”而不自知。除了常见的OTA平台和销售代理企业在机票退改签过程中违规加价等行为外，国内机票客票业务可能还会出现私自改签牟利的现象。

虽然民航局对退改签做出框架，但是定价权依然在航空公司，要有效治理“天价退票费”，恐怕还得借着民用航空法修订的契机，将整治民航票务工作入法入规，推进前瞻性、针对性立法和实施细则的出台，此外要加强监管，落实行业主管部门和行业协会监督管理职责；严肃惩处，在明确法律责任基础上加大打击和处罚力度。

让机场餐饮“同质同价”实至名归

北京新机场2018年5月7日发布消息，航站楼内部分餐饮和零售店面向社会公开招商。招商项目涉及饮品、西式快餐、休闲餐、中餐、特色小吃等。要求参与竞标的企业签署《同城同质同价承诺书》，即位于新机场的餐饮品牌店，要与市区同品牌同档次店面同质同价，并同意由新机场相关经营方指定对标店面。

多年来各地机场餐饮价格偏高，一直是公众反响强烈的问题。“一碗牛肉面78元”“面条论根儿卖”“一杯咖啡88元”等等，也早已成了为人熟知的桥段。此番北京新机场主动求变，要求商家保证同城同质同价，也是对消费者诉求的回应。

如今，随着经济的发展、人民生活水平的提高，出门选择乘坐飞机的人越来越多。据《2017年交通运输行业发展统计公报》显示，2017年，民航系统全年完成旅客运输量5.52亿人次，比上年增长13.0%。一面是日益增长的庞大航旅需求，一面是机场餐饮店的价格畸高、屡被诟病，也就难怪北京新机场餐饮店“同质同价”的消息甫一发出，就立即引起了舆论的广泛关注。

机场餐饮价格偏高，有两个因素不可忽视。一是在机场搞餐饮，店铺租金与人工成本较高。有些普通门店的门面租金占整个经营成本的15%～20%，而机场门店租金占比平均达30%以上，解决员工的居住与出行成本也比市区高。

二是机场餐饮存在很大的垄断性。即使需要参与竞标才能占据一席之地，但机场位置较为偏僻，周遭没有综合商业区，商家一旦抢占先机，便拥有“没有最贵，只有更贵”的可能，即使服务质量不好、价格昂贵，也会长期拥有市场，毕竟，小商小贩不会也不允许把摊摆到那儿去，在前不着村、后不着店的机场，乘客需要充饥解渴，而且基本没有选择的余地。拥有了垄断生财的资本，就不用担心无人伸头“挨宰”。

降租金必然会影响到机场管理方的利益，可有个问题必须明确与重申，机场经营方虽多为国有企业，有经营任务，也有为国有资产保值增值的义务，但机场作为重要的交通基础设施，也具备很强的公益属性。所以，在管理经营的过程中，也必须兼顾自身的公益属性，不能为了逐利而置乘客利益于不顾。

由此，机场方首先要放下“姿态”，让租金不再因为地理位置的特殊性而“高高在上”，否则即使商家为了中标提交了承诺书，后期也会因为租金的压力而让承诺书成为一纸空文。进驻的餐饮企业也应放下餐饮垄断的心理，将更多注意力放在餐饮质量上，让群众在外出旅途中享受到物美价廉的餐品。

机场招商招标，不妨参考北京核心区域同类餐饮门店发包承租的平均价格，让利于商家，给价格绑架松绑，同时，物价监管部门要加强执法。只有如此，机场要求商家的“同价承诺”才可能从口惠走向实至。

莫让电商专供成价低质次的代名词

有媒体2018年6月调查发现，消费者在电商平台上接触的很多价格优惠的“电商定制版”“线上专供款”“网络专供版”，并非他们所标榜的价廉质优，比对线下产品，它们存在诸多猫腻，譬如一款冰箱网上网下的价格相差2000元，主要是因为线上款使用薄的发泡层降低了成本。

一直以来，电商都有一个“价格属性”，被消费者视作是“同样的东西，更便宜的价格”。而事实上，线上线下产品之间仍然存在各种鸿沟。

据2017年中国消费者协会公布的《部分商品线上线下质量、价格调查报告》显示，线下样品与线上样品价格差越大，线上样品越容易出现质量问题。

根据调查结果，中国消费者协会指出，多数商品符合国家相关标准要求，但仍然有个别商品线上线下不同质的情况，线下商品质量一般好于线上商品质量，反映出个别企业针对线上线下存在质量上的双重标准。

一些商家专门针对线上销售，提供“电商专供”产品，这些产品在外观上可能与实体店销售的产品差异不大，但是在一些重要的配置、功能、质量、材料，甚至是售后服务方面都存在差异。部分线上产品存在“差别定制”现象，尽管其可能经过授权销售，并符合相应的国家标准，但质量与线下同款确实存在一定差距。比如餐巾纸，它的厚度、材质和荧光粉含量，都可能存在差距。这种现象一般在服装、电器、鞋帽、箱包、纸巾等品类较为普遍。

对于“质量缩水”的“差别定制”，如果商家按照“双重标准”生产并为线上和线下渠道提供商品，利用信息不对称，虚假广告等营造“同款不同价”错觉，侵犯消费者的知情权和自主选择权，则涉嫌欺诈。

无论是出于何种原因，线上与线下产品都不应该存在质量差异。在消费领域，人们对产品品质的要求越来越高，购买力也整体提升，“电商专供”相关方应跳出靠低价吸引消费者的窠臼，努力为不同消费者提供不同层次的选择，满足消费多元化的需要。至少应该做到的是，不管产品定价高还是低，都应该让消费者清楚地了解产品质量，把消费决策权交给消费者，这才是电商的“正确打开方式”。

围绕“电商专供”商品的纠纷在不断增多，但我国尚缺乏强制力的在线经营者信息披露制度。有关部门需要尽快完善相关法律法规，确保在线经营者信息披露义务的全面真实履行，有效解决消费者与经营者间信息不对称的问题，以保护消费者的知情权、自主选择权等各项权益。

自媒体责任不能被流量淹没

近期，国家网信办会同有关部门，针对自媒体账号存在的一系列乱象，开展集中清理整治专项行动，依法依规全网处置9800多个自媒体账号。2018年11月初，国家网信办又依法约谈腾讯微信、新浪微博等自媒体平台，对其主体责任缺失，疏于管理，放任野蛮生长，造成种种乱象等问题，提出严重警告。

在新媒体时代，人人手中都握有话语权。当下，自媒体规模巨大，全行业拥有数百万注册账号，从业者高达数千万人，每天都有海量内容诞生，为亿万网民提供各种各样的内容服务。

作为舆论的引导者，媒体应该正其自身，谨慎言行，以社会大众利益为优先。目前自媒体从业者鱼龙混杂，内容也良莠不齐。对于一个自媒体账号经营者而言，点击量、阅读量、火爆程度直接代表该账号的流量，流量高涨带来的便是广告效应。在金钱的驱使下，一批自媒体账号逐渐“变味”。为了追求10万+，低俗色情、标题党、谣言、黑公关、花钱购买阅读量、伪原创等，“吸睛”手段无所不用其极。

自媒体主要由平台负责管理，对账号注册信息和内容进行审查。由于平台与自媒体账号经营者具有同样利益，又与其他平台形成竞争关系，为了争夺自媒体大V入驻，难免出现放松管理，甚至纵容违规行为的情况。

与主流媒体相比，自媒体的力量不容小觑。自身传播主体的多样化、平民化和普泛化，决定了自媒体发展速度迅猛、接受普遍、影响巨大。但也正是基于此，一些自媒体在网络世界中越是肆意而为、野蛮生长，对社会造成的负面影响就越大。

没有规矩，不成方圆。网络空间也不能成为“法外之地”，自媒体江湖，更不能成为乱象丛生的“丛林世界”。

自媒体责任不能被流量淹没，自媒体不能成为某些人、某些企业违法违规牟取暴利的手段。近期有关部门一系列行动，既是除弊去疴之举，更意味着自媒体将纳入法治化、规范化、制度化轨道，依法严管将成常态。

涤荡自媒体乱象，需要在明确运营者、平台方、监管者各方责任的基础上，形成这几方面共建共治。自媒体账号运营者必须要做的，就是将守法、诚信和崇德内化于心、外化于行。

而作为媒体平台，要加强审核，严把自媒体账号的准入机制和监督机制。作为相关网络监管部门，要不断完善相关硬性制度、以健全的法律法规来约束自媒体行为，更好地促进自媒体以及网络空间的健康有序发展。

加大对网上药店监管力度

2018年10月29日，阿里健康联合饿了么、蜂鸟等网上订餐平台宣布，与国大药房、同仁堂药店、111医药馆、海王星辰等众多连锁药房合作，将7×24小时、白天30分钟、夜间1小时送达的急送药服务延伸到北京、广州、深圳三座一线城市。

北京、广州、深圳3个城市的市民，只需打开手机淘宝，搜索关键词“急用药”、药品名称或相关症状，即可找到附近药房，享受“7×24小时、白天30分钟送达，夜间1小时送达”服务。为了保障消费者急用药需求体验，阿里健康承诺送药服务“超时必赔”。

随着人们对健康生活追求的不断提高，中国人口结构的变化，在未来几年中，网上购药等需求还会持续增长。《2018年中国医药市场发展蓝皮书》显示，2018年上半年所有获得互联网药品交易服务许可证的网上药店，药品销售额达50亿元，同比增长42.5%。而《中国药品零售市场消费趋势报告》显示，2013年到2017年，网上药店市场规模从12亿元增至61亿元。

不少人选择网购渠道的原因前三位分别是：在线下单送货上门，足不出户即可完成购药过程；价格实惠、透明；药品种类应有尽有，有更多的选择。此外，网上药店对产品的评价互动充分可视，让消费者可以结合自身情况购买；另外还能减少消费者购买敏感药品而产生的尴尬。

但值得注意的是，目前相当多的网上药品经营企业还处于“多散小”的状态，监管层面也面临新挑战。网上存在非法网站无证经营药品、虚假药品信息泛滥、假药充斥市场打击难等问题，如每年在互联网上非法销售的药品达几十亿个剂量，对公众健康构成潜在危害。

医药电商已是大势所趋。药品安全问题是关乎国计民生健康的大问题，安全问题不可小觑。因此，在相关法律缺失的情况下，为了网购行业的健康发展，保护消费者的合法权益，国家应该在《消费者权益保护法》和《食品安全法》的基础上，出台一系列网上购药等安全规定，在立法上完善网购药品商家的资格审核把关制度，建立药品追溯监管制度，对网购药品服务网店进行实名制认证，通过严格审查代购商的真实信息，对网购药品安全的监管，筑起有效的网购药品安全防护墙，确保广大消费者网购药品安全。

以法治祛除电商发展之弊

历经五年，四次审议，三次公开征求意见，中国电子商务领域的首部综合性法律《中华人民共和国电子商务法》（以下简称《电商法》）于2018年8月31日正式出台，将于2019年1月1日起施行。该法对于电子商务经营者、电子商务合同的订立与履行、电子商务争议解决与电子商务促进和法律责任等方面做了规定。这意味着，电商治理有了法律准绳。

电子商务及其带来的互联网消费，是中国互联网产业发展最大的亮点之一。短短几年，中国就成为全球第一大电子商务市场，引领潮流。国家统计局数据显示，2017年全国电子商务交易额达29.16万亿元，同比增长11.7%。截至2017年底，全国网络购物用户规模达5.33亿，同比增长14.3%，电子商务直接从业人员和间接带动就业达4250万人。

如今，电子商务几乎渗透进一切消费领域。但由于变化快，更由于业态的创新及颠覆性，野蛮生长的电子商务也出现诸多问题。比如存在假冒伪劣商品，商业欺诈、侵犯知识产权、支付纠纷多等，影响了电子商务市场的交易秩序和诚信，损害了消费者权益。

“电子商务消费纠纷调解平台”大数据显示，2018年上半年通过在线递交、电话、邮件、微信、微博等多种投诉渠道受理的电商投诉案件数同比增长66.93%，创历史新高。而如何做实消费者权益保护，责任主体如何区别，以及新业态的合规性认定等，因法律的空白，常令执法者陷入困窘之中。

国内的电子商务市场急需有相应的法律法规来作为针对性的规范和指导。而这些年的实践证明，在电子商务有关三方主体中，最弱势的是消费者，其次是电商经营者，最强势的是平台经营者，所以《电商法》在均衡保障电子商务三方主体合法权益方面，适当加重了电子商务经营者，特别是第三方平台的责任义务，适当加强了对电子商务消费者的保护力度。

《电商法》具有很强的实践性。《电商法》出台适应了当前电子商务发展的情况，但渗透广、变化快的电子商务在与实体经济融合的过程中，新情况新问题层出不穷，各类新兴业态不断涌现，要想切实地跟上国内电商发展步伐、树立全球电商法规的标杆，随着电子商务出现新的问题，《电商法》还将继续完善。

可以预见，随着线上线下购物场景融合、各种经济业态更趋复杂化，各方利益仍会持续博弈。《电商法》正式出台或许是各方博弈初步告一段落的节点，但也只是一个节点。

营造良好网络版权环境

2018年7月16日，国家版权局、国家互联网信息办公室、工业和信息化部、公安部联合启动“剑网2018”专项行动，将对网络转载、短视频、动漫等重点领域开展版权专项整治行动。此次专项行动自7月上旬开始，持续4个多月。尤其引人关注的是，专项行动首提整治自媒体“洗稿”行为。

在移动互联网时代，自媒体已经成为广大网民获取内容、信息的重要渠道之一，受众面广，社会影响力与日俱增。但同时，自媒体行业也乱象丛生。比如，一些自媒体为了导流获利，肆意对别人的原创内容进行篡改、删减、抄袭，这种“洗稿”侵权行为，需严加整治。

网络上的“洗稿”现象，不少所谓大号也深涉其中。此前有媒体报道，有的自媒体机构已形成了较为成熟的“洗稿”产业链、“爆款”制造团队。有第三方平台发布的数据也显示，内容侵权现象已经比较常见，甚至有一半以上的原创作者都曾经遭遇过抄袭、剽窃、“洗稿”。

虽然“洗稿”备受诟病、屡遭举报，但那些“洗稿”者却仍活跃在各大创作平台之上，继续收割“粉丝经济”。究其原因，既由于技术难度小、准入门槛低、规范约束少等，也因为法律维权成本高、侵权成本低。

“洗稿”获益，而原创者却蒙受巨大损失。这不仅挫伤了那些坚守版权底线的原创作者的创作积极性，也败坏了自媒体行业的生态环境，形成了逆淘汰效应。

真正的内容繁荣，唯有来自原创，“洗稿”不可能产生优秀作品。在自媒体盛行、平台林立的背景下，此次“剑网2018”专项行动，剑指自媒体

“洗稿”乱象，无疑是一场荡涤污垢的“及时雨”。

要有效整治自媒体行业的“洗稿”乱象，最关键的是要尽快出台相应的认定标准，使“洗稿”行为有明确的界定。对于“洗稿”、短视频拼接等侵权行为，除了原作者，平台亦是利益攸关方，因此，有关部门需要通过细化的立法对平台进行引导，树立新的行业共识，形成对相关侵权的防范与救济机制。

真正治本之策，是在此次专项行动的基础上，进一步巩固整治成果，构建起可操作性的制度体系，维护清朗的网络空间秩序，营造良好的网络版权环境。毕竟，“共享”并非互联网价值意义的全部，还须涵盖著作权、财产权等在内的现代法治框架。

消费者“差评权”不容忽视

在北京某大学读大一的小美在美团外卖订购了一款蛋糕，收到后口感特别不好，就给了商家一个差评。此后，卖家开始在私信中人身攻击小美，而且语气非常强硬。据报道，随着移动互联网的快速发展，网络服务大多都建立有评价机制，但是买家给差评后常常会面临商家的骚扰、恐吓。

严格说，差评权就是消费者权益保护法明确赋予消费者享有对商品和服务进行监督的权利。也是保护消费者知情权和选择权的关键。

评论本身是一种重要的信用体系。对于消费者而言，正当的评论，一方面有助于加强对商家、产品质量、售后服务等方面的监督；另一方面也有利于消费者更全面地了解商品以及商家服务等方面的真实情况，有利于消费者作出一个更好的购物选择。因为只有消费者通过浏览、分析各种好评和差评，并参考商品总体评分，才能做出最符合自己真实意愿的判断和选择。

尊重和保护消费者“差评权”，就是展示、披露商品信息的重要内容，这不仅是监管部门的职责，也是电商平台的义务。对此，即将于2019年1月1日实施的电子商务法明确规定，电商平台应当为消费者提供对平台内销售的商品或者提供的服务进行评价的途径，不得删除评价，否则将承担最高50万元罚款。具体而言，电商平台应当真实、客观、全面地展示商品的好评、中评和差评，不屏蔽和删除差评，确保消费者可完整地查看评价。

电商平台的兴盛与发展是建立在“信用”基础之上的。如果消费者不能毫无顾忌地使用“差评权”，对商品的优劣作出高下判断，那么真实的购物体验就会被清一色的好评所充斥，这其中的真假一定是鱼龙混杂，扰乱消费者的信赖，失信一次失利百次，长此以往，势必损害的是商家乃至整个电商行业的消费秩序。

从这个意义上说，维护消费者“差评权”不仅是保护消费者知情权和选择权的关键，更是保障电商行业良性发展的必要之举。因此，除要求电商平台全面展示各种评价外，还应采取得力措施维护消费者“差评权”。

评价模式还需进一步完善，应简化投诉流程，提高违规惩罚力度，确保消费投诉渠道畅通无阻，引导商家将重心放在提升商品和服务质量上。健全信息保护，利用技术手段对评价进行匿名化处理，让商家不知道谁是差评者，进而让消费者毫无顾虑地行使差评权，对提升商品质量和健全市场竞争秩序形成倒逼。

与此同时，互联网平台企业还要拿出更大的诚意、拿出更严厉的手段，比如，对于利诱、威胁客户作出好评（删除差评）的商家，应该有及时的信息汇总、上报机制，该亮黄牌就必须亮黄牌，该扫地出门就必须扫地出门。

和解并非奔驰车主“哭诉维权”事件的终点

2019年4月11日，“奔驰女车主哭诉维权”的视频在网络上流传后，迅速引发舆论关注。视频中，该女车主哭诉，为了庆祝30岁生日，自己在西安某4S店花66万买了一辆新的奔驰小轿车，可距离她签单提车才5分钟时间，就发现发动机漏油。

新买的车还没开出4S店大门，就发现发动机漏油，这搁谁都难以接受。而更让人意气难平的，是店方的态度。此后，在15天之内，她多次与4S店沟通解决，却被告知无法退款也不能换车，只能按照“汽车三包政策”更换发动机。对此，女车主无法接受，无奈之下，她只好坐在店内的奔驰车顶上讨要说法。

闹得沸沸扬扬、举国关注的奔驰女车主“哭诉维权”事件，终于告一段落。据西安市市场监督管理局2019年4月16日晚间消息，哭诉维权的西安奔驰女车主，和西安利之星汽车有限公司达成换车补偿等和解协议。和解协议的内容包括更换同款新车、全额退还“金融服务费”、邀请女车主去德国奔驰总部参观等等。从奔驰车主个人角度来看，和解协议内容基本满足了其诉求。

但是从消费者维权、市场消费环境等角度来看，和解不应该是奔驰车主维权事件的终点。如果整个事件仅仅以满足奔驰车主权利诉求结束，影响范围也没有超出西安利之星奔驰4S店，那么也就意味着我们失去了一次纠正行业乱象、规范汽车销售市场、更好维护消费者权益的良机。

尽管事情的解决，最终取得了比较好的结局。但这个结局，与奔驰车主的维权方式分不开的。为什么之前消费者历经波折的理性协商不能解决问题？必须等到坐在发动机盖子上哭诉，才能引起4S店的态度大转变？纠纷的处理依据本应该是法律，但正常的维权遭到的是4S店“打太极”。

如今，车主的非理性维权取得了理性维权无法取得的效果，这种不该出现的反常，反映出身居强势地位的某些企业，法律意识的淡薄以及对消费者的惯常漠视。消费者的正常诉求得到企业的正常回应，是消费者的权利，而不是对消费者的格外关照。消费者维权不该如此艰难，有些企业的行为必须得到纠正。

此次事件更重要的启示或许在于，我们不仅要关注产品质量本身，还要关注产品出现问题之后，企业解决问题、回应消费者诉求的能力；不仅要关注营商环境，也要关注“消费环境”。而打造健康有序的消费环境，离不开企业提高自我修养、提升管理水平，也需要市场监管部门乃至监测、评级等第三方机构深度参与，从而形成自律与他律的闭环，为消费者带来实实在在的红利。

支持降低重点国有景区门票价格

国家发展和改革委员会2018年6月29日宣布，将通过完善国有景区门票价格形成机制，在2018年“十一”黄金周旅游高峰之前切实降低一批重点国有景区偏高的门票价格。

此次国家发展和改革委员会加大对地方、景区违规不合理收支行为的清理规范力度，将有利于引导一些国有景点降低门票价格，给广大游客带来红利。随着重点国有景区门票进入新一轮的降价周期，将会有更多的游客向国有景区流动和聚拢，这也将在一定程度上倒逼非国有景区降低门票价格。

湖北黄鹤楼单人门票价格从80元下调至70元，为1985年重建开放后的首次降价；山东曲阜“孔庙、孔府、孔林”即“三孔”景区联票由每张150元降至140元；陕西华山风景名胜区旺季门票价格由每人次180元降为160元；湖南省桃花源景区门票价格由180元调至128元……与以往每逢暑期等旅游旺季、“逢节必涨”就成为许多旅游景区的“标配”不同，2018年，一些知名景区主动选择降低门票价格。虽然大部分景区门票只有十元、二十元的降幅，但主动选择降价表明了景区意欲摆脱门票经济依赖症的态度，从这种角度来看，可谓是“景区降价一小步，旅游市场一大步”。

长久以来，我国景区门票呈现出的都是涨价易、降价难的走势。重要节假日到来前宣布一波涨价举措，几乎成为景区的统一动作。尽管国家发改委曾在2007年下发通知，明令“旅游景区门票价格调整频次不得低于3年”，为景区涨价周期划出了“硬杠杠”。但这条“禁涨令”收到的效果并不理想，一些景区将3年的“硬杠杠”视为门票涨价周期，每隔3年便推出“到期就涨”的对策。

在门票经济大行其道的旅游市场，过度依赖门票收入，任性、无序地涨价，看似可以迅速增加利润，赚得盆满钵盈，维持着短期的旅游经济规模，实际上则是损人不利己。对游客而言，过高的门票价格或者增加了负担，或者超出了承受能力，让人们望而却步，抑制了消费需求的进一步释放。对景区而言，门票经济依赖症体现出的是市场急功近利的心态。毕竟，游客会用脚投票，景区如果动辄就以提高门票价格来获取利益，却不注重修炼内功，忽略在提升旅游服务和旅游品质上下功夫，只做一锤子买卖，自然不会有好口碑，更无法吸引众多游客。长此以往，会造成旅游产业发展动力不足，患有门票经济依赖症的景区愈发依赖门票收入，如此恶性循环下去不仅会拖垮景区，更将影响整个旅游市场的形象和可持续发展。

一些景区之所以难摆脱“门票依赖症”，根本原因还在于相关景区旅游景点服务创新思维不够、经营创收单一等。要想让景区价格切切实实地降下来，不应仅发布降价令，还要从根源着手，切断涨价的利益链条。

当前，国内景区主要是资源型和公共型的，即该景区主要靠森林、山岭、草原、河流、海域等国有资源来吸引游客。一旦离开国有资源，此类景区的价值将不复存在。而根据法律规定，被景区圈起来的森林、山岭、草原、河流、海域等资源属国家所有或集体所有，是全体民众共同的财富。眼下，这些占用山川河流等国有资源的4A级、5A级等优质景区的门票价格无疑对其他景区门票价格产生很大影响，只要将这些重点国有景区的门票价格管控好，就抓住了景区门票价格治理的“牛鼻子”。但当前景区价格调整机制的缺陷在于，多数地方政府均是本辖区内景区的“隐形股东”，从门票收入中获得分成，其自然有推动价格上涨、圈地收费、拦路收费的冲动。授予地方政府行使门票价格监管职能显然是让其既当裁判员又当运动员，景区门票价格自然难以下降。

因此，有必要优化监管模式，使调价的利益主体与监管主体分离，避免监管主体选择性失能。并可出台国家层面的景区价格管理机制，形成全国统一的门票定价制度。具体操作中，可以景区类型、级别、知名度为参照，普通景区调价权由省级政府部门行使。面向全国游客的重点国有景区调价权应像电价、油价那样由国家相关部门批准，进而减少有涨价冲动的地方政府的参与度。

儿童免票当有更科学的标准

2018年5月，有关儿童票的话题又引起讨论。据统计，我国大部分公共场所儿童免票标准为1.2米或1.3米以下，半价票标准在1.3米至1.5米之间，但我国儿童的平均身高早已达到甚至超过这些标准。

儿童票的相关规定属于儿童福利政策，应遵循普惠性、公平性、全面性的原则。按照身高来界定儿童票，必然把那些身高超过标准的儿童排除在福利政策之外，形成事实上的政策歧视，导致政策效果有失公平。

以身高作为儿童票收取标准的规定，是在我国经济社会欠发达、身份证明不普及、电子信息水平低的历史背景下采取的权宜之计。但是，随着生活水平的提高、营养状况和成长环境的改善，身高标准已不合时宜。这让一些年龄符合但身高超标的儿童不能享受优惠待遇。这显然是对儿童权益的忽视，并会导致新的不公平，如大中专学生持学生证可购买半价车票、景区门票，但不少儿童却可能要买全价票。

毋庸置疑，判断儿童与否的最权威标准就是年龄，无论是民法总则还是未成年人保护法等法律法规，均采取年龄标准。为儿童提供优惠票采取身高标准，恐怕还在于身高标准的审核成本较低。

在国际上大多数国家都以儿童的年龄作为儿童优惠的标准。比如，美国纽约帝国大厦观景台规定，12岁及以下儿童可享受免票和儿童票优惠；法国巴黎迪士尼乐园则规定，3岁以下儿童免票，3到11岁儿童享受部分优惠；在俄罗斯和新加坡等地，7岁以下儿童即可免费搭乘公共交通工具等。

由此，不妨制定全国统一的“身高＋年龄”判断标准，比如将1.2米或

1.3米以下作为免票标准，符合标准的儿童无须出示证件就可直接享受相关待遇。超过该标准的儿童，则持身份证等证件方可享受。

2018年4月份，中国青年报社社会调查中心联合问卷网对1969名儿童家长进行的一项调查显示，67.1%的受访家长赞同儿童票收取以年龄为准。57.6%的受访家长认为以年龄作为收费标准更公平、更合理。

当然，以年龄为儿童票收取依据在现实中难免面临许多困难和问题，还需要我们在实践中不断加以细化。例如，可以通过学籍卡等证件证明乘车人的年龄，或者采取为身高超过一定标准的儿童办理特殊证件的方式，方便交通运营部门查验儿童年龄。在此基础上，应当将享受票价优惠的“儿童”扩展为“未成年人”，将“儿童票”准确表述为“未成年人票”。《未成年人保护法》中明确要求为未成年人免费或优惠提供文化生活需要的活动场所和设施，“未成年人是指未满十八周岁的公民”。当然，“未成年人票”的优惠幅度可以随着年龄增长而发生改变，可以探索按照六岁以下的儿童、六岁至十四岁的少年、十四岁以上十八岁以下的青年前期三个群体来给予不同幅度的优惠待遇。

加大对“儿童专用”产品监管力度

江苏省消保委2018年10月13日发布的酱油产品比较试验报告显示，“儿童酱油”营养品质未必都优于普通酱油。这120个酱油样品涉及48个品牌56个生产（代理）企业，30个为进口酱油，90个为国产酱油。试验发现，29个样品存在不符合相应国家标准的情况，5款宣称为“儿童酱油”的产品在营养元素等指标上与普通酱油没有太大差异。

如今儿童产品多如牛毛，儿童沐浴露、儿童座椅、儿童饮料等比比皆是，就连酱油也打着“儿童专用”称号，也受到年轻家长的追捧。这些贴上“儿童专用”标签的商品价格翻了好几倍，但不少却名不副实，“儿童专用”多为噱头，“假大空”现象普遍。尤其是婴幼儿食品，都会以“益智”“增强免疫力”“无添加”等作为卖点，可此类宣传没有实验数据支持，疑似虚假宣传。

目前，我国各项食品标准中，虽有针对3岁以下婴幼儿配方食品、辅食的安全标准，但对于儿童，则没有特殊的食品标准要求。对于一些儿童用品，更没有具体的国家标准。市场上所谓的“儿童专用”产品，很多都是生产厂家“自封的”。例如“儿童专用”油漆，实际上《室内装饰装修材料内墙涂料中有害物质限量》的国家标准中，并没有针对“儿童油漆”设立专门条款，更没有“儿童油漆”的国家标准；再例如“儿童专用”牙膏，目前儿童牙膏和成人牙膏也是执行的同一个国家标准的。事实上，我国除了奶粉等少数食品制定了婴幼儿标准，其他的儿童食品和用品没有专门的标准，商家所谓“儿童专用”基本上是忽悠消费者。

不能不说，“儿童专用”的泛滥和有恃无恐，完全在于监管部门的冷漠、熟视无睹，换句话说，就是失责、不尽责。

“儿童专用”成了商家炒作牟利的噱头，不仅让众多消费者花了冤枉钱，更可能对儿童身体健康带来未知的隐患。工商等部门应当尽快对市场上的儿童用品进行全面梳理，然后让国家标准化管理委员会进行甄别。有些儿童用品，要尽快建立起国家标准并在行业内发布。同时加大监管力度，明确准入门槛、检验办法、宣传规范等，比如不得以笼统的“益智”“增强免疫力”等进行宣传。

要加强食药监局、工商局等对儿童用品的检查力度、提高检查频率，对于不合格的产品要坚决清理、追究相关人员法律责任，并且建立“黑名单制度”。逐步探索建立儿童用品，尤其是儿童食品的可追溯体系，让监管覆盖到每一个流程。

现在很多家长都想给自己孩子用最好的。这种消费观也促成了儿童用品的价格虚高。有关部门要加强消费者教育和观念引导，比如在妇幼保健医院、疫苗接种站等地投放育儿知识读本，或通过街道、社区开展育儿知识讲座，或与相关的自媒体开展联动等，增加全社会的育儿知识，以避免家长盲目消费。

学前教育普惠属性值得期待

2018年11月28日，教育部在山东济南召开发布会解读《中共中央国务院关于学前教育深化改革规范发展的若干意见》。教育部基础教育司司长吕玉刚表示，为了坚持学前教育公益普惠方向的基本属性，让绝大多数的幼儿能够享受普惠性的学前教育服务，未来将提高公办园和普惠性民办园比例。

目前，中国学前教育的资源迅速扩大，普及水平大幅提升，到2017年，全国幼儿园共有25.5万所，在园幼儿4600万人，学前三年毛入学率达到79.6%，比2012年提高了15.1个百分点。

但是，由于各地区经济发展水平不同，各幼儿园办园情况不同，不同的地区、不同的幼儿园，收费标准大相径庭。部分民办园过度逐利等问题突出，“入园难”“入园贵”仍然是困扰老百姓的烦心事之一。

中国学前教育仍然是整个教育体系的短板，发展不平衡不充分的问题十分突出，学前教育还存在着普惠性资源不足，政策保障体系不完善，教师队伍建设滞后，监管体系机制不健全，保教质量有待提高等问题。

由于幼儿教育没有纳入义务教育体系，有关部门除了重视管理公办幼儿园以外，对民办幼儿园管理相对粗放，监督缺位，以致教育设施、生活条件、师资水平较差的幼儿园也混杂其中，给幼儿教育带来隐患。

办好学前教育，关系亿万儿童健康成长。学前教育没有纳入义务教育体系，并不意味着学前教育不重要。由于现代社会竞争激烈，家长担心孩子输在起跑线上，择校的关口事实上已前移到幼儿园。

中央出台规定，规范学前教育管理，还原了学前教育公益属性，响应了国内广大民众要求政府大力解决“入园难”“入园贵”问题的热切期盼。

资本具有逐利性，不可能持续为低收入人群提供低价而优质的服务，完全的市场化只会加大教育的不公平，损害公众平等接受教育的权利。扩大优质教育资源，也不是简单的市场化，而要依靠政府和社会的双重力量。

真正让幼儿园成为教育平台而非捞钱工具，一方面要更多发挥政府主导作用，继续加大对学前教育的投入，完善公共服务体系建设，提高公办园比例，同时加大对民办普惠园的政策性倾斜和补贴。另一方面，创造条件让更多社会力量进入学前教育领域，对接多样化教育需求。

此外，民办园收费项目和标准根据办园成本、市场需求等因素合理确定，向社会公示，并接受有关主管部门的监督，要坚决抑制过高的收费。在完善成本分担机制的同时，对家庭经济困难的幼儿、孤儿、残疾儿童进行资助，确保其接受普惠性学前教育。

警惕幼儿园“小学化”倾向

近年来，一些幼儿园提前教授小学内容、强化知识技能训练，“小学化”倾向比较严重。针对这一问题，2017年7月中旬，教育部办公厅发布的《关于开展幼儿园“小学化”专项治理工作的通知》称，幼儿园提前教授汉语拼音、识字、计算、英语等小学课程剥夺幼儿童年快乐，挫伤其学习兴趣，要坚决予以禁止。对于幼儿园布置幼儿完成小学内容家庭作业、组织小学内容有关考试测验的，要坚决予以纠正。社会培训机构也不得以学前班、幼小衔接等名义提前教授小学内容，各地要结合校外培训机构治理予以规范。

教育部门出手治理幼儿园“小学化”，此举值得肯定。这对维护儿童身心健康、纠正家长功利思维、规范幼小阶段教育秩序具有重要意义。

幼儿园“小学化”倾向对孩子的危害毋庸赘言，早在2011年，教育部就曾下发《教育部关于规范幼儿园保育教育工作防止和纠正“小学化”现象的通知》。文件明确指出：严禁幼儿园提前教授小学化的教育内容，幼儿园不得提前进行各种活动来强化训练学习，不得给幼儿布置家庭作业。然而几年过去了，这种现象不仅没有得到遏止，反而不断蔓延。

首先，幼儿园“小学化”教学确实不可取，拼音、口算这些小学课程内容，就交给小学教学即可；其次，对于不同个体，在学前教育阶段，学习能力强的孩子可以提前在兴趣爱好方面进行渗透，找到自己的“特长”；第三，幼儿阶段是“习惯养成”最佳时期，也是关键阶段。如果孩子在幼儿期间能养成看书阅读习惯、良好生活作息和规律等，那他将能更快地适应小学生活。

幼儿阶段重点在于发现孩子“兴趣点”，家长根据孩子表现，着重个体“兴趣点”的开发和培养，这样，进入小学后，老师可以根据每个孩子的“特长”再进行挖掘和助推，每个孩子就能找到适合自己的兴趣方向。

如今，幼儿园如何去“小学化”仍然是摆在整个社会面前的一道难题。从表面上来看，幼教机构自身难辞其咎。对各种幼教机构来说，口碑就是生命，难以满足大众的“口味”，必然会被淘汰出局。于是为了迎合家长的需求，博得一个办学质量高的“好口碑”，争取到更多生源，获取更多利益，幼儿园不惜违背幼儿教育的原则，开设语言、写字、英语、速算等“看得见，摸得着，见效快”的课程。但不得不说，幼儿园“小学化”的“病根”绝不仅仅在幼儿园。在以分数高下论学生优劣的应试教育压力之下，一些小学也被迫设置了过高的入学门槛，择用标准远远超过了尚处于启蒙教育阶段的幼儿水平。

幼儿园“去小学化”，最重要的还是要改变家长的观念，一则需要幼儿教育相关知识的普及，从而让广大父母认识到“抢跑”教育对孩子的危害。二则需要通过强化专项治理，促进幼儿园保育教育规范科学。三则通过优化幼小衔接体制，让广大父母放心。治理幼儿园“小学化”倾向，只是教育改革的一个环节。只有加快各级招生体制改革，满足人们对优质教育资源的需求，逐渐减轻幼升小、小升初的现实压力，这种乱象才可能从根本上被遏制。

黑外教缘何在培训市场大行其道

2018年暑假期间，各类教育培训机构生意火爆，一些打着外教旗号的培训班更受广大家长欢迎。媒体记者调查发现，在家长追捧之下，一些活跃在培训市场上的外教并不具备相关从业资格证件和经验，甚至有从业者表示“只要有张外国人的脸就行”。一位外教招聘机构工作人员告诉记者，即使是没有任何教学资质的外国人，培训机构也可以编造学历和教学经历，给他们扣上“金牌外教”等诸多响亮的头衔。

近年来，全民“外语热”温度依旧，更加注重交流的外语口语和听力教学也越来越受欢迎，国际化的教育理念在城市家庭渐入人心。因此，无论是学校、幼儿园还是教育培训机构，外教几乎成为语言教学的标配。

但是，不少教育培训机构和民办幼儿园聘用的外教没有工作签证，有的聘用在华留学生做“临时工”，甚至有来自东欧、拉美等母语非英语的外国人担任英文外教。

一些教育培训机构选择用“黑外教”冒充正规外教，一则在于目前的政策标准确实过严，导致具有外教资质的合法外教稀缺。大量培训机构急需外教，甚至希望外教下周就能来上岗。聘用合法外教，从发布招聘、签约到办理完各项手续来华工作，至少需要4个月的时间。如果通过非正常就业渠道聘请外国人，就可以省去申请、管理、年检等诸多中间环节，大幅度减少经济支出和时间成本。

二则出于利益考量。时下，英语培训机构遍地开花，不少学习班打出“金牌外教真人授课”“英美外教一对一辅导”的广告，而与普通的学习班相比，有“洋老师”的课程学费往往比中教翻倍。中教每小时学费一般为50元到100元，而外教课每小时至少150元起。业内人士透露，有些外教辅导班还“看人下菜碟”，对有经济实力的学员收费会达到每小时二三百元以上。

有的教育机构明知对方没有资质，不具备教学能力，却只看重其洋人面孔。这也是利用了家长对外教的追捧心理，但这种外教不仅使教学效果大打折扣，甚至还可能对孩子产生负面影响。

相关部门应当加强外籍专家就业平台建设，一方面为拥有专业技能的外籍人才创造便利条件，更好满足外语培训等行业的巨大需求；另一方面也要对非法就业行为加强检查和处罚，让非法雇用“黑外教”的教育机构无处遁形。

此外，家长们不要盲目追捧外教，在教育投入方面，不要有“只买贵的，不买对的”的心理，多一些理性消费，多一些维权意识，才能给孩子最好的教育。

清理中小学竞赛应成为常态

针对乱花渐欲迷人眼的“国字号”中小学生竞赛，教育部日前印发《关于面向中小学生的全国性竞赛活动管理办法（试行）》，对此类竞赛提出严格的管理规定。规定只有在中央编办、民政部登记注册的正式机构才能组织面向中小学生的全国性竞赛；此类竞赛实行清单管理制度，每年申请、审核并动态调整一次；竞赛结果不作为中小学招生入学的依据等等。

近年来，一些社会团体和企事业单位面向中小学生开展了诸多不同层次、不同类型的竞赛活动，由于缺乏规范和管理，有的违反规定擅自组织进行，有的与招生入学挂钩，有的名为发展教育实为谋取利益，各类竞赛造成了中小学生过重的课外负担，影响了中小学校正常教育教学秩序。一些学生为了在一些重要的竞赛中胜出，甚至逃离学校课堂，进培训班突击。

现在中小学生全国竞赛一大堆，帽子满天飞，利益链条上的“寄生者”靠办竞赛而发家致富，而有些学校在招生中有“竞赛偏好”，倒逼着家长成为被竞赛市场抽着转的陀螺。但这些鱼龙混杂的“全国竞赛”，很多不过是卖“大力神丸”，吹得天花乱坠，其实没多少“含金量”。

山寨赛事多，组织者赚得盆丰钵满，商家搭车盈利，却苦了家长和孩子，既要掏钱又要受累，弄得参赛像赶场子。

教育部此番发文，这是顶层设计清理中小学竞赛的常态之举。中小学竞赛的江湖从此有了规矩，也传递给社会更鲜明的减负信号——那些玩竞赛的“专业选手”，该收手了。

新规的亮眼之处很多。比如清单制。通过清单让合规的对号入座，违规的一目了然。再比如脱钩化。竞赛产生的文件、证书、奖章显著位置，都要标注教育部批准文号以及“不作为中小学招生入学依据”等字样。当然，类似条款还有不少，旨在从制度上构建起全国性中小学生竞赛领域的规则与秩序。

有了好的制度，关键还看执行。要确保全国性竞赛活动只少不多，功夫要下在竞赛之外。比如，对“竞赛结果不作为招生入学依据”必须动真格，对违规者可以动员学生及家长举报。在高考招生对竞赛成绩不再加分后，也要更进一步，要求高校自主招生不能倚重竞赛成绩。这才是让全国性竞赛活动降温的关键。当竞赛活动不再有功利性需求，当竞赛成绩不再有升学“含金量”，它们就会回归到其原始的功能——让学生增长见识、培养特长。

相关管理部门和纪检监察机关，要设立专门举报电话，接受社会投诉举报，对违反规定者动真格查处。地方教育部门有去伪存真的责任，学校招生有严守规矩的义务，至于家长和考生，也要适度减少盲目的焦虑，少给竞赛市场添油加醋。最要紧的还是建立完善的教育评价机制，规范各类竞赛在招生领域的“权重”，给虚火旺盛的中小学生竞赛清热降火。

“学生官”官僚气戕害大学精神

2018年7月19日，中山大学学生会通过官方微信公众号发布《中山大学学生会2018—2019学年度干部选拔公告》，公告中按照三个层级公示了两百多个学生干部岗位，而在“秘书机构”和“组成部门”两层级中，还特别标明了职位是“正部长级”还是“副部长级”。

高校行政化其实早已饱受诟病了，中山大学这次事件不过是这个社会问题的一个缩影。标明学生干部级别的做法，与我国任命高校校长时后面标注级别是类似的，整个学生会的工作方式、组织架构、语言方式已经把官场这一套学得非常熟了，这其实是高校行政化在学生身上的投射。

近年来，国家层面也认识到高校运行行政化和权力化所存在的弊端，也均提出逐步取消学校行政级别的举措。2017年4月6日，教育部等五部门发布《关于深化高等教育领域简政放权放管结合优化服务改革的若干意见》，其中明确提出：“鼓励高校推进内设机构取消行政级别的试点，管理人员实行职员制。”

作为以服务学生为宗旨的学生会，就更不能过度地沾染服从于官阶大小的“官场”风气。与其说是公众反感这所百年名校崇尚权力的刻板复制以及满溢而出的官僚化的陈腐之气，不如说是对多年高校去行政化改革举步维艰、成效不大的深深担忧。从某种程度上来说，这也是此次事件引起巨大波澜的根本原因。

一个学校学生会，任命百名“正副部级”学生干部，开会时仿造政府形式“听取学生会主席作报告，常委会并与会学生集体讨论”“总结讲话”“胜利闭幕”，一本正经的“官腔”，异常强烈的官僚味，让一般大学的学生会组织相形见绌，这种让人浸淫已久、不以为意且蔓延至广的官本位思想与诸多细节，封杀了大学生自治组织本应该具备的活力和朝气，不仅对自身成长不利，也与追求独立开放科学民主、推动社会进步的大学精神背道而驰。

青年强则国家强，大学生、青年人更寄托着国家、民族的希望。“学生会干部名单”是我国高校行政化体制下教育危机的一个缩影。革故鼎新，不应是“一个人的战斗”，包括学校管理层、团委和教育主管部门以及社会各界，都需要给青年成长的时间和成熟的空间，在他们出现过失的时候少些“大棒”“板砖”和“紧箍”，而是给予春风化雨的指导，从而使其在面对象牙塔之外的纷繁世事之时，不至于被一时名利“浮云遮望眼”。

如何冷静看待公众的评价，承继和保护大学的优秀传统及人文价值，转变教育理念，推进教育改革，恢复品牌优势，提升教育质量，促进社会深化改革，或许才是这起事件之后，应该生发出的无限思考。

把合理惩戒权交给老师

熊孩子在学校调皮捣蛋，老师想管却不敢管，是近年教育领域常见的情况。2018年11月22日下午，江苏省常州市召开了一场关于实施教育惩戒的听证会，邀请了5名学生代表、12名家长代表和部分教师代表，以及由律师、法官、心理咨询师组成的专家代表参与，共同讨论惩戒教育的边界及如何开展实施。

在中国旧的教育观念中，有所谓“棒打出孝子”“不打不成器”的说法，近年随着体罚和变相体罚被摒弃挞伐，合理的“惩戒教育”受到殃及，仿佛赏识和鼓励成了教育孩子唯一的办法。

但由此出现面对熊孩子、小霸王，不少老师不敢管、不能管、不想管，以致校园欺凌得不到有效制止，甚至出现学生打老师现象……“老办法不管用，软办法不顶用，硬办法不敢用”，这让教师、家长以及许多社会人士都产生了不同程度的焦虑。

在此背景下，把教育惩戒权交还老师的呼声渐高。此前的2017年2月，青岛市政府就曾发布地方性法规《青岛市中小学校管理办法》，提到“中小学校对影响教育教学秩序的学生，应当进行批评教育或者适当惩戒。”这一赋予老师适当“教育惩戒权”的消息，一度引发舆论广泛关注。

从教育科学规律角度说，完整的教育，既包括赏识教育，也包括惩戒教育。没有惩戒的教育，不仅是有缺陷的教育，而且是一种不负责任的教育。从舆论反映看，惩戒尺度难以把握，是最令人担忧之处。要把合理惩戒权交还老师，有必要划清两个界限。一是划清教育惩戒和体罚的界限。惩戒与“体罚、变相体罚”完全不同。惩戒的目的是教育学生，要尊重学生的人格，最终使学生得到全面健康的发展；惩戒是在激励、表扬等正强化教育手段都失效的情况下采用具有强制性的使学生认识到自己错误的手段，培养学生养成承认错误、承担责任的勇气，敢于为自己所犯错误负责。而体罚是通过身体的痛苦使学生屈服，带来的后果往往是负面的，易造成学生心理上的障碍。

二是划清教育惩戒和侵权的界限。教育惩戒权要细化，容易操作实施，不能违背上位法，比如《中华人民共和国未成年人保护法》等的要求，保障学生的权益。只有给“适当惩戒”充分界定，才能避免模糊地带。许多老师现在不敢惩戒学生，因为一旦发生事故，就可能承担过多的责任。对于学生发生的一些事故，应该厘清责任，不能以结果来倒推老师的责任。

可见，要让惩戒成为有效的教育手段，离不开社会、家长等各方对惩戒教育的理解、尊重与配合，更需要制定合法明晰的惩戒规则与实施程序，让地方在实践探索中，寻求最优解决方案。

商业广告进校园贻害无穷

针对此前山东菏泽发生的发放印有商业广告红领巾一事，教育部2018年10月10日印发《关于严禁商业广告、商业活动进入中小学校和幼儿园的紧急通知》，要求各地从中吸取深刻教训，举一反三，采取有效措施，坚决禁止任何形式的商业广告、商业活动进入中小学和幼儿园。

商业广告印在红领巾上，这不仅是无知无畏，也是利欲熏心在作祟。出现这样的极端事件，也从侧面反映现实生活中商业活动对校园的过度侵扰。近些年，由于社会上的商业氛围越来越浓厚，靠商业活动或商业广告促销的行为也蔓延至中小学乃至幼儿园。比如，央视曾曝光不少广告“打包”印进英语课本，商家趁机用卑劣手段引诱中小学生消费。一般来说，中小学生的辨识能力不强，容易受不良广告信息的影响，上当受骗。而一些商家更是用非常卑劣的做法引诱青少年们消费。

商业广告进校园还涉嫌违法。2015年9月1日起施行的《中华人民共和国广告法》第三十九条规定：“不得在中小学校、幼儿园内开展广告活动，不得利用中小学生和幼儿的教材、教辅材料、练习册、文具、教具、校服、校车等发布或者变相发布广告，但公益广告除外。”

校园应是守护学生健康成长的净土，避免“商业广告”污染学生心灵，应是底线要求。此次教育部紧急通知，再一次重申中小学校和幼儿园严禁商业广告进校园，很有必要。规范各类商业广告进校园活动，禁止校园内各类违规商业宣传活动，营造一个洁净的校园，也是为广大教师实实在在地减负，是让广大教师安心从教、静心从教的基础。

能够让商业广告进校园，没有学校及教育部门的“密切配合”，是不可能做到的事。显然，商业广告进校园的“门”是不会白开的，学校及教育部门会从这些商业广告中分得“一杯羹”。

遏制商业广告进校园，不能光“重申法律”，相关监管部门要高擎“法纪利剑”，斩断其背后暗藏的“利益链”。对这种现象要发现一起，依照法纪严惩一起，决不姑息迁就，提高违法违纪成本。同时，纪检监察机关要“拔出萝卜带出泥”，对广告发布、监管、学校、出版等部门主管领导失职行为追究“连带责任”，严肃问责，倒逼相关部门单位提高社会责任意识与道德良知，遵纪守法，还校园一片清净。与此同时，学校、家长、社会也要对商业广告进校园进行全方位监督，发现问题，及时举报，使其成为“过街老鼠，人人喊打”，没有立足之地。

打击论文买卖要标本兼治

教育部2018年7月18日发文，部署严厉打击学位论文买卖、代写行为，明确各省级教育行政部门、学位授予单位、指导教师，分别是查处此类行为的监管主体、责任主体和第一责任人，要设置举报电话。

近年来，从中央到部委都对论文买卖等学术不端行为保持高压状态，但由于部分学位授予单位在学风建设、学术诚信养成、学位论文审查等方面还存在薄弱环节，学位论文买卖、代写行为仍时有发生。无论国内外，学术论文都是业界普遍认可的评价研究水平的“硬通货”。一些学生在学位论文上却不用心、不用功，企图投机取巧，靠花钱买论文蒙混过关，极大挑战了学术诚信。

学术诚信不仅是科学事业繁荣发展的前提，也是高校人才培养质量提高的关键。学位论文作为高校学生学业成果的总结，是其结束学习生活走向社会的中介和桥梁。在步入社会前，学生若因一时糊涂，走上“论文买卖”的道路，甚至牵涉到“代写论文”的灰色交易之中，实属误人误己。

论文买卖已经形成了庞大的市场需求和巨大的牟利空间，论文买家、网络中介、写手、学术期刊各取所需，形成了一个畸形的利益链条：买家需要论文评奖、毕业，专业写手负责编写论文，网站中介充当掮客，而学术期刊也因现实物质需求和生存压力里应外合。然而，在貌似多方共赢的过程中，丢弃的却是学术道德和学术水准，也使学位论文的价值和意义大打折扣。特别是败坏了学风、校风，助长了不学无术、偷奸耍滑等恶行。因此，对学位论文买卖当严厉打击。

打击学位论文买卖的关键是要解决“一切指标看论文”，这需要建立多元化评价机制。另外，虽然教育部门出台不少制度措施遏制学位论文买卖，但这些制度措施只是部门规章、通知，法律效力较低，还应把学位论文买卖、代写行为纳入国家法律（如论文买卖入刑），这才是治本之策。

只有尽快填补法律空白，提高违法成本，严打学位论文买卖、代写行为才会有法律依据，才能打醒、打痛那些企图靠买卖、代写论文蒙混过关的人，也才能净化高校环境和学术氛围，让每一篇学位论文都货真价实，并且经得起检验。

尽管祛除学位论文买卖痼疾是一项系统工程，需要把论文买卖、代写论文交易的体系，把涉及论文买卖的各个环节都纳入治理，切断论文买卖交易的利益链，但执法的常态化无疑是首要的基础工程。如果不常态化地对其露头便打，那么造假者就仍抱有侥幸心理。鉴于此，祛除学位论文买卖的痼疾，就必须保持执法的常态化高压威慑态势，以此倒逼造假者不敢碰触高压线。

严惩无差别施暴者

2019年6月25日22时许，大连警方在该市甘井子区南关岭一居民小区将网传“女子半夜遭殴打”案件犯罪嫌疑人王某（男，31岁，大连人）抓获。经初查，犯罪嫌疑人王某因与其女友感情纠纷情绪波动，酒后于22日凌晨路遇被害人吴某，对其使用暴力并强制猥亵。

或许有人会说，此案虽情节十分恶劣，但只是一起突发性案件，具有很大偶然性。其实这种无差别施暴对公众的心理冲击更大。

从社会学和心理学的角度来说“滥杀无辜”的情况并不存在。只要不是精神病患者，施暴必然有施暴的理由。那么，这种没有具体指向，见人就施暴的行为也可以认为是“无差别施暴”。

“无差别施暴”的典型特征是，施暴者与被害者之间没有具体仇怨，其随机选择作案目标，想施暴谁就施暴谁，矛头是指向社会的。因此每一个人都成为了潜在的受害者。因此，“无差别施暴”对于公众来说，更容易引发由安全缺失导致恐慌的群体效应，从而使生活在这个社会的每一个人失去安全感，生活在恐怖之中。

由于“无差别施暴”的突发性太强，对它的预防和处置是个世界性难题。虽然不存在完美的解决方案，仅从防御的角度，我们可以做的，一方面是要建立基层社会的心理危机干预体系，为心理脆弱的群体提供社会支持，给出有效的心理危机解决方案。

另一方面，还须编织更严密的防护网。比如增强警力的巡逻，使得任何无差别施暴行为都能够得到迅速制止，使受害人的权益最大限度得到保障。

对于受害人，要及时给予心理干预。

一个人的心理能量是有限的，被仇恨消耗掉了大部分，逃离心理困境的力量自然就更微弱。对于无差别施暴者，除了依法严惩，以儆效尤，对其给予关注和心理援助，同样不可或缺。

严防猛打杜绝“洋垃圾”入境

2018年5月22日6时，海关总署打击“洋垃圾”走私“蓝天2018”专项第三轮集中行动正式启动。广东分署及天津、上海、南京等25个直属海关在北京等17个省（区、市）同步开展收网行动，一举打掉涉嫌走私犯罪团伙39个。这是近年来全国海关开展的最大规模打击“洋垃圾”走私集中行动。

“洋垃圾”由来已久。20世纪80年代，为缓解材料不足，中国开始从国外进口可用作原料的固体废物，成为全球重要的废品回收国。据统计，从1995年至2016年间，中国进口垃圾从450万吨猛增至超过4500万吨。

合理利用境外固体废物，对补充中国资源、促进循环经济发展发挥了积极作用。然而，随着中国产业结构的迅速变化，制造业比重显著下降，对原材料的需求也相应减少。此外，由于中国相关技术的落后和相应管理的缺失，进口、堆积、处理“洋垃圾”过程带来的次生污染也十分严重，相应的治理成本已经超过了进口“洋垃圾”所带来的经济效益。

同时，经过数十年的工业和社会发展，中国不仅有日益繁荣的城市和农村生活导致的大量垃圾，也有快速的工业发展、基础设施和城市建设带来的工业垃圾。而中国现有的垃圾分类制度、垃圾填埋、焚烧处理、无害化处理能力都远远无法赶上垃圾堆积的速度，造成了严重的环境污染。

在此背景下，禁止“洋垃圾”入境势在必行。2017年7月，国务院办公厅印发《关于禁止洋垃圾入境推进固体废物进口管理制度改革实施方案》，要求全面禁止“洋垃圾”入境。2018年1月1日，中国正式施行新规，停止进口包括废塑料、未分类的废纸、废纺织原料等在内的4类24种“洋垃圾”。到

2019年年底前，将逐步停止进口国内资源可以替代的固体废物。

中国这项禁令让一个过去鲜为人知的暴利行业暴露在阳光下。目前，“洋垃圾”走私在中国已形成境内外勾结、分工明确、运作熟练的犯罪链条。

对“洋垃圾”非法入境必须严防猛打，特别是要进一步强化“洋垃圾”非法入境管控，加强固体废物属性鉴别实验室能力建设，建立健全堵住“洋垃圾”入境长效机制，持续严厉打击“洋垃圾”走私。

在堵住“洋垃圾”入境的同时，中国垃圾的科学分类还须加快脚步。宜尽早出台配套政策，为国内可回收物再利用提供渠道和空间，帮助再生资源企业由依赖国外垃圾转向消化国内垃圾，实现良性发展。

禁止环保“一刀切”是务实之举

为防止一些地方在中央环保督察开展“回头看”进驻期间不分青红皂白地实施集中停工停业停产行为，影响人民群众正常生产生活，生态环境部2018年5月专门制定《禁止环保“一刀切”工作意见》（以下简称《意见》），请各中央环境保护督察组协调被督察地方党委和政府抓好落实。

近年来，各地环保治理力度不断加大，成效显著。但也出现了“一律关停”“先停再说”等简单粗暴的做法。比如，一些地方为了应付环保督察，禁止汽车钣金喷漆导致修车店洗车店大批关闭，小吃摊、屠宰场、养猪场遭取缔，甚至一些豆腐作坊也被迫关门。还有一些企业，付出巨大代价购买安装了环保设备，但在检查期间却遭到与污染企业同样的关停待遇。

从对污染的姑息纵容，到环保“一刀切”，是从一个极端走向另一个极端。这种做法，貌似严苛，实则是生态环境领域形式主义的典型表现。等到考核节点一过或督察组一走，此前的老做法又多“涛声依旧”。

为了一时的检查“过关”，“一刀切”集中停工停业停产，既不利于发现真问题，还会对正常经营秩序造成不当干扰；不仅影响了群众正常生活，还会造成企业亏损、资源浪费，影响地方经济发展。

此次生态环境部明文禁止环保“一刀切”是务实之举，既是为即将重启的中央环保督察“护航”，也是为既有环保工作“生态”纠偏，更是为让环境治理保护越加务实精细。因此，对于工程施工、生活服务业、养殖业、地方特色产业、工业园区及企业等易出现环保“一刀切”的行业或领域，《意见》明确，在边督边改时要认真研究，统筹推进，分类施策。

环境治理保护工作是一项久久为功的事业，不可能毕其功于一役，必须遵循行政程序，追求效率和效益统一。从这个角度讲，地方政府不仅需要更新观念，也要建立与之相适配的工作方法。譬如，要杜绝“一律关停”“先停再说”，就得明确哪些该关停、哪些不该关停。特别是，需要找出真正的“污染源”，做到精准发力，区分轻重缓急，避免“一刀切”，让生产、经营尽快符合环保标准。

对于环保“一刀切”，上级有关部门还须从加强作风建设的高度，对其实施严厉问责，发现一起查处一起。环保“高压”不等于可以不讲方法，更不等于简单粗暴。这个原则，不仅应在督察组督导检查时执行好，更该贯穿于整个环保治理的全过程。

环境保护税意义不可低估

中国第一部专门体现“绿色税制”、推进生态文明建设的单行税法——《中华人民共和国环境保护税法》于2018年1月1日开始实施，环境保护税也一同落地，成为中国的新税种。

2018年4月1日，环境保护税进入首个征期。当日上午，巴斯夫新材料有限公司财务人员从上海浦东新区税务局工作人员手中接过上海市开出的首张环境保护税税票，这也是我国环境保护税首个征期开出的首张税票。

早在2016年12月25日第十二届全国人民代表大会常务委员会第二十五次会议通过的《中华人民共和国环境保护税法》就规定，在中华人民共和国领域和中华人民共和国管辖的其他海域，直接向环境排放应税污染物的企业事业单位和其他生产经营者为环境保护税的纳税人，应依法缴纳环境保护税。

环境保护税法所附《环境保护税税目税额表》规定，大气污染物每污染当量1.2—12元（人民币，下同）；水污染物每污染当量1.4—14元；固体废物按不同种类每吨5元至1000元不等，其中危险废物为每吨1000元；工业噪声按超标分贝数，每月按350元至11200元缴纳。应税大气污染物和水污染物的具体适用税额的确定和调整，由各省、自治区、直辖市统筹考虑本地区环境承载能力、污染物排放现状和经济社会生态发展目标要求，在上述税额幅度内决定。

环保税最初由英国经济学家提出，目前已成为许多国家普遍接受的宏观调控手段之一。从具体实践来看，国外环保税的发展和演变主要经历了三个阶段：第一个阶段是20世纪70年代至80年代初期。这一时期的环保税主要以

“污染者负担”为原则，要求排污者承担监控排污行为的成本，主要包括特定用途收费等，属于环保税的雏形。

第二个阶段是20世纪80年代中期至90年代中期。这一时期的环保税种类日益增多，排污税、产品税、能源税、二氧化碳税和二氧化硫税等纷纷出现，功能上也综合考虑了引导作用和财政功能。

第三个阶段是20世纪90年代末至今。可持续发展理念的深入推进使得环保税在这一时期加速发展，许多国家开始推行有利于环保的财政、税收政策，还有一些国家进行了综合的环保税改革。

中国开征环境保护税，其意义不可低估。虽然该税种开征之后预计财政收入并不多，但是有利于解决排污费制度存在的执法刚性不足的问题，有利于调动企业治污减排的积极性，淘汰部分环保处理能力低、产能落后的小企业，规范制造行业，增强环境保护的遵从度及社会责任。

从短期看，环境保护税实施有利于实现中国对重点污染物的减排目标，获得良好的资源节约、环境保护效应。从中长期看，有利于鼓励和刺激企业探索和利用节能、环保和低碳技术，促进经济结构调整优化和发展方式转变。

从环保部门征收排污费改为税务机关征收环境保护税，作为一项更加规范、稳定和具有强制性的措施，将向全社会释放出“控制和减少污染物排放、保护和改善生态环境”的明确信号。由排污费转为环境保护税，有效地促进费改税，还有利于我国的预算约束及现代财政制度的建立。

快递包装“瘦身变绿”须制度压实

《快递暂行条例》于2018年5月1日起在全国范围内正式施行。这一新规对快递包装提出了要求，鼓励使用可降解、可利用的环保包装材料，鼓励企业回收包装材料，以实现包装材料的减量……记者连日来调查发现，在缺少细致的行业操作标准和监管下，快递包装的“瘦身变绿”面临诸多难点。

近年来，国内快递量快速增长，根据国家邮政局的数据，2010年全国快递业务量为10亿件，现今这一数字已经发展到400亿件。快递量几何级增长的同时，快递包装所需的包装箱、胶带等物品的消耗量也十分惊人。中国再生资源回收利用协会一份统计数据显示，2015年，我国一共消耗了99.22亿个包装箱、169.85万米胶带、82.68亿个塑料袋。

据北京相关部门一份不完全统计数据显示，全市64个再生资源分拣中心，一年共收集可再生资源560余万吨，其中仅快递包装等纸质垃圾，就达150万吨，占比近四分之一。值得注意的是，快递包装产生的垃圾废弃物，不仅包括大量的快递盒，还包括一些难以环保处理的材料。

事实上，“限制包装”一直是城市治理中没有做好的环节，而这也直接导致城市垃圾难以减量。绿色化已成为快递业发展的必然趋势，做起来虽难，但一定要做下去。尽管主管部门以及社会方方面面现在都已开始行动，围绕着快递行业的绿色发展进行变革，但任重而道远。

目前，既管不住快递行业中的过度包装，也无法干涉人们购物的习惯性冲动，快递包装的绿色前景仍不乐观。

就我国垃圾分类现状而言，若想达到循环利用目的，还有很长一段路要走。如今，每当有一件快递到手时，网购者需要把外包的塑料袋、纸箱、填充物、商品自带包装等一一拆完后，才能见到购买的物品。而那些包装物，基本上都随着其他普通垃圾被丢入垃圾箱。而且，网络卖家为了好评率不惜成本地过度包装。除了胶带对回收的影响之外，纸盒、塑料这些原本可回收的快递包装，与其他生活垃圾混在一起，也将无法再回收。

快递包装绿色化，其实是社会问题，涉及到所有的消费者，单靠一个企业和一个行业的努力是有限的，需要全行业和上下游以及各个关联方共商、共建、共管，涉及全民环保意识、绿色产业的联动、建立包装循环体系、完善政策标准体系这四个方面。比如包装循环体系，涉及到垃圾的回收，在快递处理的链条上，需要将很多措施、手段融合进来。

在政策标准体系上，虽然主管部门已经提出了国标、行标两个标准，但是只有整个产业链能够按照标准进行作业、使用和推广，相关监管部门加强监管，才能得到很好的落实。

提高“无废城市”消废能力

日前，国务院办公厅印发《“无废城市”建设试点工作方案》，要求稳步推进“无废城市”建设试点工作。到2020年，形成一批可复制、可推广的示范模式。

“无废城市”是将固体废物环境影响降至最低的城市发展模式，其远景目标是最终实现整个城市固体废物产生量最小，资源化利用充分和处置安全。

据统计，我国是世界上固体废物产生量最大的国家之一，全国每年新增固体废物100多亿吨，历史堆存总量高达600亿~700亿吨。快递包装等新业态带来的固体废物问题也不容忽视。部分地区垃圾围城，影响了居民生活质量与城市经济社会可持续发展。

这些问题是我国实行“大量生产、大量消费、大量排放”的生产模式和消费模式带来的结果，有必要通过“无废城市”建设，在统筹推进绿色城镇化和美丽乡村建设过程中，将提升固体废物综合管理水平与推进城市治理供给侧结构性改革相衔接。

“无废城市”建设，需要先易后难、分步长期推进。首先，近年来，我国固体废物非法转移案件频发，部分省份相继发生此类案件。要依法严厉打击各类固体废物非法转移、倾倒违法行为，进一步遏制各类固体废物非法转移倾倒案件发生。

其次，制定“无废城市”建设考核标准，规范固体废物管理行为，大力推进循环经济，从源头上实现固体废物减量。

第三，开发利用固体废物。如有的固体废物中含有大量的金属、稀有金属和建筑材料，仍可开发利用等。需要加大国家财政预算投入和产业政策设计，建设科技支撑体系，引导社会资本进入，大力推进资源化利用和无害化处置，提高城市消废能力。

莫让“垃圾围村”成乡村振兴短板

呛得人无法开口说话的露天垃圾焚烧烟雾，一不留神掉下去就可能丢命的“垃圾沼泽”，媒体曝光后依然有垃圾从其他地方源源不断运入……有媒体日前聚焦正在一些地方上演的“垃圾围村”现象。

垃圾围村，历来有之，此次曝光，不过是老问题的新反复。垃圾围村，凸显出多头管理而导致无人负责的严峻现实，暴露了这些地方垃圾处理和乡村人居环境治理之困。农村不是法外之地，但在不法分子眼中，农村却是一块“违法宝地”。就拿“垃圾围村”来讲，农村制造的垃圾有限，而一些城市里明令禁止、严防死守的“建渣”“工业废料”等垃圾却大多流向了偏远农村和山区。

有种现象值得警惕，但凡类似事件经过媒体曝光，总会在短时间内得以整改，看上去“雷厉风行”，但需要舆论倒逼的“快速行动”不啻于响亮的耳光。问题不是无法遏制，缺的只是发现问题的“眼睛”和及时处置的果断。环保部门有没有受到“糖衣炮弹”的侵蚀不去探讨，但基层村干部对事情的隐情不报、“配合演出”、提供场地，中间若说没有“猫腻”，恐怕无人相信。

“垃圾围村”的痛苦，群众最有感触。发现有垃圾倾倒问题后，村民必然会第一时间反映给村干部，村干部也必然会逐级上报乡镇党委政府，乡镇党委政府再逐级上报相关部门，这大致是问题处置的基本流程。如果中间任何一个环节出现监管空白，让问题拖延或者隐瞒，都会成为解决群众身边难题的“中梗阻”。

“垃圾围村”暴露了当下乡村振兴的短板。各级党委、政府应该切实把推动乡村振兴战略中的生态责任担起来，以农村人居环境治理为抓手，推动实现百姓富与生态美的有机统一，兑现绿水青山的承诺。

如何治理“垃圾围村”，中央已有规划。2018年2月，中共中央办公厅、国务院办公厅印发了《农村人居环境整治三年行动方案》。其中，推进农村生活垃圾治理排在了重点任务第一位，而且明确了重点整治垃圾山、垃圾围村、垃圾围坝、工业污染“上山下乡”等治理事项。但要让整治工作落实见效，任重道远，需要的不仅是要法律“牙齿”令人感受震慑，更重要的先解决监管之弊。

不妨先在农村地区选配一批监督员、健全民情直报体系，设置直报监督电话，让问题能够直接报到环保部门，而不是总被“卡”在基层。此外，可以在偏远地段、属地交叉重叠地带安装一部分监控设备，先解决垃圾倾倒能被发现的问题，再谈如何查处和治理。此外，可以与基层领导干部签订责任状，不妨也来个“一票否决”，倒逼真作为、敢监管，或许也不失为一种好办法。

提速整治城市黑臭水体

全国多地将迎来一轮黑臭水体整治行动。2018年5月7日，生态环境部联合住房城乡建设部启动2018年城市黑臭水体整治环境保护专项行动。首批督查组已抵达现场，将分10个组历时15天，对广东、广西、海南、上海、江苏、安徽、湖南、湖北等8个省区市的20个城市开展督查工作。

目前，我国水环境质量总体保持了持续改善的势头。2017年，全国地表水国控断面Ⅰ～Ⅲ类比例为67.9%，同比增加0.1个百分点；劣Ⅴ类比例为8.3%，同比减少0.3个百分点。

尽管我国水污染防治初步取得积极进展，但面临的形势依然严峻。其中，城市黑臭水体治理更显任重而道远。据生态环境部介绍，截至2017年6月6日，全国城市黑臭水体整治监督平台认定的黑臭水体有2100个，而长江经济带11个省市中黑臭水体就达928个，占44.19%。

城市黑臭水体是群众反映强烈的水环境问题，不仅损害了城市人居环境，也严重影响城市形象。根据“水十条”，到2020年，地级及以上城市建成区黑臭水体均控制在10%以内。以2017年需完成的“水十条”目标任务为重点，本次专项行动将督促各地打好污染防治三年攻坚战，确保完成2020年工作目标。从目前治理情况看，要达到这一目标，还需要不断提速。

只有认清黑臭水体的成因，才能真正做到对症下药。黑臭水体产生的机理是由于有机污染物含量过高，形成缺氧和厌氧环境，加速有机物腐败和分解，从而产生恶臭物质。虽然黑臭在水里，但根源却在岸上。比如，部分产业污染严重，存在偷排、漏排现象；公众环境意识薄弱，存在生活污水及垃圾乱排放现象；政府与治理单位之间的治理责任划分模糊等。

截污、清淤、污染源治理和两岸环境整治，是治理黑臭的“标准步骤”。一方面，加大对黑臭水体流域工业企业的监管力度，严格查处偷排偷放、数据造假等行为，从岸上断绝污染，防止污染迁移至水体。

另一方面，要对黑臭水体区域实施挂牌督办，确保黑臭水体整治任务得到有效落实，明确黑臭水体整治效果评价和验收标准。有关部门还有必要通过多种渠道，定期更新各地工业、农业、生活污染源及污水处理厂等环境信息，及时发布断面水质监测数据、重点企业监管和污染源信息、重点流域断面水质状况等信息，充分发挥社会公众的参与和监督作用，形成长效治理机制。

此外，在黑臭水体整治过程中，有必要督促地方加快补齐城市和园区环境基础设施建设短板。

“城乡一体”整治农村人居环境

农村人居环境整治是实现乡村振兴第一场硬仗。2018年12月3日，中央农办、农业农村部召开落实牵头职责、加快推进农村人居环境整治工作座谈会，提出将启动实施村庄清洁行动，加快推进农村“厕所革命”。

“断霞低映，小桥流水，一川平远。柳影人家起炊烟，仿佛似，江南岸”。这是中国人心中传统的美丽村落。但是，有些地方“粗放式”发展，破坏了农村人居环境，这种图景成了人们回忆的乡愁。

据统计，截至目前，中国还有近1/4的农村生活垃圾没有得到收集和处理，使用无害化卫生厕所的农户比例不到50%，有80%的村庄生活污水没有得到处理，另有约1/3的行政村村内道路没有得到硬化。行路难、如厕难、环境脏、村容村貌差、基本公共服务落后等问题比较突出。

农村环境问题的形成，固然有农村自身的发展因素，比如化肥、农药、农膜等过量或不适当的使用，农村养殖小区造成的面源污染，农村生活垃圾的增多等。也有城市污染下乡的因素，如城市的生活、工业垃圾到郊区填埋、焚烧，城市污水对地表、地下水的污染，超采地下水造成的水资源匮乏等。与此同时，随着城市环境准入条件提高和环境管理加强，农村成为个别城市倾倒垃圾的首选之地。两种因素相互叠加，加剧了农村环境的负载。

2014年5月，国务院办公厅印发《关于改善农村人居环境的指导意见》提出，到2020年，全国农村居民住房、饮水和出行等基本生活条件明显改善，人居环境基本实现干净、整洁、便捷，建成一批各具特色的美丽宜居村庄。

但是，目前有些地方在整治农村人居环境时还存在“跷跷板现象”，即一边大力整治农村人居环境，而城市污染一边又下乡围村，削弱了治理效果。

整治农村人居环境，要城乡同一把尺子、同一个标准、同一个刻度，树立城乡一体化、一盘棋的思维。

一方面，农村不是封闭的地理空间，整治农村人居环境要注重“以城带乡”。相对于农村来讲，城市在处理垃圾上已形成了较为成熟的体系、模式，农村应加以吸取、借鉴。另一方面，各级政府要做好环境整治的区域协调，统筹城乡环境集中整治，有效切断城市污染下乡渠道，对因城市环境问题造成的农村环境污染进行适度生态补偿。同时，探索多种形式的农村人居环境治理模式，调动农村之外的多方力量增加资金投入，形成可持续的长效机制。

此外，要提高农村居民的认知水平，引导村民转变观念，使其积极、主动、全面参与农村人居环境整治。

坚决打好污染防治攻坚战

近年来，我国生态环境质量总体稳中向好，但污染防治工作仍需加力推进。就水体污染治理而言，城市雨污分流工程改造尚未完全到位，海绵城市和地下综合管廊建设刚起步，城市污水处理和循环利用仍未妥善解决。广大乡村分散居住，污水集中处理难度较大。更为严峻的是，化肥农业形成的面状水质污染需要系统治理，任务十分艰巨。从大气污染治理来看，在能源结构尚未实现较大改善的情况下，化石能源消耗所排放的温室气体和污染气体仍将威胁大气安全。

打好污染防治攻坚战的号角已在全国吹响。2018年6月24日发布的《中共中央国务院关于全面加强生态环境保护坚决打好污染防治攻坚战的意见》，紧盯污染防治攻坚战和生态环境保护目标指标，主要以2020年为时间节点，兼顾2035年和21世纪中叶，从质量、总量、风险三个层面确定目标：到2020年，生态环境质量总体改善，主要污染物排放总量大幅减少，环境风险得到有效管控，生态环境保护水平同全面建成小康社会目标相适应。

污染防治是决胜全面建成小康社会的三大攻坚战之一，时间紧，任务重，难度大，是一场大仗、硬仗、苦仗。污染防治已进入倒计时，我们必须以钉钉子精神一项一项抓落实、一步一个脚印向前走，全力打好污染防治攻坚战。

当前，我国生态文明建设正处于压力叠加、负重前行的关键期，已进入提供更多优质生态产品以满足人民日益增长的优美生态环境需要的攻坚期，也到了有条件有能力解决生态环境突出问题的窗口期。我国经济已由高速增长阶段转向高质量发展阶段，需要跨越一些常规性和非常规性关口。这就要求我们在经济发展的过程中完成污染物治理，坚决打好这场攻坚战。

打好污染防治攻坚战，必须切实扛起生态文明建设和环境保护的政治责任。生态环境是关系民生的重大社会问题，更是关系党的使命宗旨的重大政治问题，是一份沉甸甸的政治责任。各级党委和政府主要领导是本行政区域生态环境保护第一责任人，必须坚决扛起生态文明建设和生态环境保护的政治责任，对本行政区域的生态环境保护工作及生态环境质量负总责，把各级责任压紧压实，对那些损害生态环境的人，对那些“临阵脱逃”、不作为、不担当的人，必须真追责、敢追责、严追责。

打好污染防治攻坚战，必须全面加强环境污染防治。攻坚战必须坚持目标导向和问题导向相统一，既要厘清时间节点完成阶段任务，又要从迫切需要解决的突出问题顺推，明确破解难题的途径和方法。当务之急是加强水污染防治，狠抓饮用水安全保障和良好水体保护，加强农业面源污染治理，加快推进城镇污水全收集全处理，加快水环境的进一步改善；持续实施大气污染防治行动计划，突出抓好散煤综合治理、“散乱污”企业整治、重点行业污染源治理、机动车尾气治理，有效应对重污染天气，坚决打好蓝天保卫战；加快土壤污染状况详查，以农用地和建设用地为重点，实行分级分类管控，加快实施土壤污染治理与修复试点项目，加快推进土壤污染综合防治先行区建设。

打好污染防治攻坚战，必须加大生态保护力度。要加强生态保护修复，全面提升各类自然生态系统稳定性和生态服务功能。加快划定并严守生态保护红线，加强自然保护区建设与管理，建立健全全国自然保护区“天地一体化”动态监测体系，实现对各级自然保护区的定期遥感监测及实地核查处理。

打好污染防治攻坚战，必须有效防范和化解环境风险。要系统构建事前严防、事中严管、事后处置的全过程、多层级风险防范体系，坚决守牢环境安全底线。强化固体废物环境管理，大幅减少固体废物进口种类和数量，合理配置危险废物安全处置能力，严厉打击危险废物非法转移和处置等违法犯罪活动。加大环境社会风险排查预警、源头预防和应急处理力度，依法及时妥善处理各类矛盾纠纷。

打好污染防治攻坚战，必须大力推动形成绿色发展方式和生活方式。结合推进供给侧结构性改革，完善环境保护标准体系和污染防治技术体系，运用先进适用技术对传统产业实施绿色化改造，用好环保等绿色标尺，加快过剩产能退出、落后产能淘汰，大力发展节能环保、生态有机等绿色产业，构建绿色循环低碳发展的产业体系，倒逼产业结构调整和布局优化。美丽中国是人民群众共同参与共同建设共同享有的事业。要加强生态文明宣传教育，鼓励和引导环保公益组织和公众参与生态文明建设。

“道虽迩，不行不至”。推进污染防治工作，需要我们不忘初心，牢记使命，锐意进取，勇于担当，久久为功。

建立过期药回收长效机制

广药集团日前联合阿里健康等企业成立家庭过期药回收联盟，全国200多个城市的6000多个药店可进行药品线下回收。此外，2018年3月31日前，全国17座重点城市的市民可通过手机扫码，免费预约快递员上门收取过期药。

大多数消费者都有囤家庭常备药的习惯，但药品不经意间就会放置过期。公开资料显示，我国约有78.6%的家庭都备有家庭小药箱，但80%以上的家庭都没有定期清理药箱的习惯，全国一年产生过期药品约1.5万吨。

这些过期药品如果没有得到安全有效的处理，将对人的身体和环境造成较大影响。例如，过期的四环素60%会分解成有害物质如脱水四环素，损伤人体肾脏的肾小管细胞，导致酸性物质不能排出而引起酸中毒；中成药存放时间过长会发生霉变；一些挥发性强的药品成为一些过敏体质人的过敏原，引发过敏反应，严重者导致过敏性休克。

事实上，过期药品已被列入《国家危险废物名录》，属于重要环境污染源。大部分过期药品被视为生活垃圾处理，造成空气、土壤和水源环境的污染。

随意抛弃过期药，对人体、环境都有一定的危害。一些挥发性强的过期药品可能成为过敏原，危害家庭健康。药品有毒分解物溶解后，会污染土地和水源，会破坏人和动植物的生物链。另外，如果过期药品流入到不法商贩或不法医疗机构手中，他们转卖给农村等偏远地区的病人，将给患者治疗带来难以预计的后果。

但是，由于缺少相关法规以及市场监管的缺失，目前家庭过期药的去处难以得到有效控制。据统计数据表明，家庭中的过期药83.33%的人会把它们扔到生活用的垃圾箱里，2.78%的人倒进马桶冲掉，13.89%的人放在那里不管。

不可否认，企业和医院的过期药，国家都有明确的处理法规，大部分单位也都能按规定做到安全销毁，而家庭过期药在各地普遍面临回收难问题，家庭过期药回收联盟成立，有望助力破解过期药回收难题。

除药厂、药店之外，多方参与也很重要。作为家庭过期药的拥有者，居民要积极参与到家庭过期药物后期处理过程中来，一些危害不大的可自行处理，无法自行处理的，则应配合垃圾分类、支持药厂回收等妥善处理。此外，生态环境、市场监管、卫生健康、街道社区等部门要通力协作，建章立制、完善渠道、创新形式（如换药），尽可能把家庭过期药物管控起来。

目前，过期药的回收销毁，国家还没有制定统一的政策、法案。要想长期有效地回收过期药品，需要的是由规则建立起来的长效机制，整个回收机制应由企业、政府，包括社会公益团体共同建立。同时，过期药回收后的具体去向，要能做到全程公开透明，确保回收的过期药全部被无害化销毁。

加大有机食品市场监管力度

有机食品日益受到消费者追捧。但记者调查发现，由于很多人对有机食品缺乏了解，一些商家利用这一点，把绿色食品、无公害食品与有机食品混在一起销售，以达到获取非法暴利之目的。

无公害食品是按照相应生产技术标准生产的、符合通用卫生标准，并经有关部门认定的安全食品。严格来讲，无公害是对食品的一种基本要求，普通食品都应达到这一要求；绿色食品是按照特定生产方式生产，经专门机构认证，许可使用绿色食品标志的无污染、优质、营养类食品。绿色食品对添加剂、农药、色素有一个限制标准。A级不含任何的农药、化肥、激素等等；有机食品也叫生态食品，是根据有机食品种植标准和生产加工技术规范而生产的、经过有机食品颁证组织认证并颁发证书的食品和农产品。有机食品是按照国际的标准，农产品进行加工生产是不含有任何的农药，土壤没有被污染，没有添加剂，也没有转基因的种子，所以说有机食品是目前市场上最健康的食品。

有机食品与无公害食品、绿色食品的最显著差别是，前者在生产和加工过程绝对禁止使用农药、化肥、除草剂、合成色素、激素等人工合成物质，后两者则允许有限制地使用这些物质。因此，有机食品的生产要比其他食品的生产难得多，价格也就更高一些。

冒充有机食品获利高，不法商家很容易为了利益弄虚作假。当下国家对有机食品生产的监管力度不够强，整个监管过程也不是很透明。

目前我国有机食品认证由市场第三方机构完成。但这些认证机构同时也是商业机构，这就有可能产生认证机构自律不足，商家花钱买认证等问题。另外，目前我国对有机食品的认证是先认证，后生产。认证机构对土壤、空气、水和种植方式进行认证后，发放证书，核准产量，确定期限，批准生产，这可能会产生认证之后疏于过程管理的现象。特别是，很多违法商家的违法所得难以查清，无法以违法所得为依据作出适当处罚，以致放纵了虚假认证行为。

有机农业是对中国市场诚信的考验，包括监管者和生产者的诚信，有关部门应切实负起认证和监管责任。从根本上来说，要让有机产品“真有机”，需要多方面力量共同发力。首先，政府部门要肩负起认证和监管的双责，坚决严厉打击有机证书商业化运作等不法行为。同时，政府部门也应该加强对有机农业上的补贴、引领和帮扶。监管建设到位是保障，而行业更要有良好的自律，作为生产者，不能只看眼前的利益，而不讲究交易的公平与诚信。而作为消费者，要加强对于有机的认识和相关的知识积累，不仅有利于更好地做出独立的判断和选择，也能提升消费者自身对于健康饮食的认识。

别让高温津贴成为纸上福利

2018年7月，北京市对园林绿化、建筑工地等进行高温津贴发放的专项执法检查。对于高温津贴应发未发或者低于发放标准的，劳动者可向人力社保部门举报。

近年来，我国劳动者的高温权利保护不断得到加强，值得肯定。早在2012年7月，国家安全生产监督管理总局、卫生部、人力资源和社会保障部、中华全国总工会四部门就联合下发《关于印发防暑降温措施管理办法的通知》，明确说明高温津贴的发放目的是“为了加强高温作业、高温天气作业劳动保护工作，维护劳动者健康及其相关权益”。

高温津贴是一种保障，让劳动者在无私奉献的同时，能够得到实实在在的劳动保护。根据医学常识，气温超过37℃时，人长时间在户外劳动或处于酷热之中，极有可能中暑，严重时还会威胁生命。因此，给坚持在高温天气中坚守岗位、坚持劳作的工人发放高温津贴，体现了企业对员工的人文关怀，对增强员工的凝聚力有着积极的意义。

由于劳动者或囿于对政策的不了解，或抱着“钱不多不值得维权”的心理，不敢理直气壮地维护自己的权益，这容易让一些相关用人单位在执行这一政策上钻空子。同时，因受制于监管有强有弱，手段有高有低，高温补贴也容易在督促和拖延的较量中得不到落实。因此，有必要防止在高温下室外作业的体力劳动者，成为高温津贴的被遗忘者，从而让高温津贴成为纸上福利。

有关规定和各地政府出台的具体标准，为高温津贴落实提供了依据。

为避免这样惠民的好政策被架空，各级安全生产监督管理部门、卫生行政部门、劳动保障行政部门和工会组织要加大对用人单位高温作业、高温天气采取劳动保护措施的监督管理力度，将高温补贴的发放置于有效的监管之下，全力推行高温津贴的发放到位。对那些不按时发放、不按标准发放甚至根本不发放高温津贴的企业及其企业负责人，公检法等相关部门也应根据群众举报像查处“克扣农民工工资”那样给予严肃查处，顶格究责，确保高温津贴真正发到每个劳动者手里。

同时，相关部门一定要加强宣传引导，把高温津贴的政策宣传到用工一线，让务工人员明确自己的合法权利，并且敢于依法维权。

“福利新规”让福利发放更规范

2017年12月21日，中华全国总工会发布《基层工会经费收支管理办法》，根据新规，工会经费可以用于职工集体福利支出，基层工会除了逢年过节向全体会员发放节日慰问品、职工生日发放生日蛋糕或蛋糕券外，还首次提出，职工婚丧嫁娶等可以给予一定金额的慰问金，职工退休离岗可以发放一定金额的纪念品。

正常福利对凝聚人心大有裨益。

这样的“福利新规定”，无疑让人充满期待，同时也将对福利的发放起到一定的规范作用。说其让人充满期待，是因为福利本身属于员工的间接报酬，本身就是用来“发”的，并且具体如何发之前有明确规定，比如规定福利一般包括健康保险、带薪假期、过节礼物或退休金等形式，以及规定这些奖励作为企业成员福利的一部分，奖给职工个人或者员工小组。

企业给员工发放福利一方面是对员工工作成绩的肯定，另一方面也是为了激励员工更好地工作，有利于企业更好地发展。同样，作为政府部门，在节日期间，给干部职工发点节日福利也是无可厚非，这样既能烘托节日气氛，又能融洽单位氛围、提升干部职工的幸福感。

从节日慰问品到生日蛋糕，再到退休离岗纪念品，这些物品也许并不值多少钱，但在特殊节点的适时发放，足以慰藉人心，让职工感受到暖意，从而增强对工会的融入感，加深对单位的认同感。

但是，之前一些该发的福利未发，原则上违背了员工的诉求，也大大降低了单位的激励性。但并非就是政府职能部门没有意识到，而是现实当中，一些部门或单位确实存在不该发的福利乱发，甚至巧立名目，无度或无原则使用工会经费的现象，导致发放不但没有起到激励作用，却变成了“权力自肥”行为。

尽管现实中确有一些人以福利之名谋私利之实，但这需从资金管理、使用、审计方面去着手限制和约束，不宜将问题简单化，影响到职工的正常福利。反福利腐败，是应该且必需的，但这并不等于取消职工福利。

基于现实考量，仅有新规还不够，还需要做好监督配套工作，既防止该发的福利没有发，也遏制不该发的东西任性发。

积极推进普通职工特别是一线职工的正常福利，是工会组织的责任。要坚决反对隐性福利、滥发福利，但若一些基层单位随意削减职工的正常福利，也是从一个极端走向另一个极端，并不可取。此番全国总工会公布新的基层工会经费收支管理办法，充分考虑到了一些基层的复杂情况，既有人性化的倡导，也有清晰的边界，相信会是广大基层职工的福音。

接下来，还需要跟踪监管，跟踪督促，依照新规把握好福利的“禁”与“发”对单位发了不该发的福利给予严肃问责，对单位该发的福利不按规定发的也该督促落实，坚决防止以往“一边倒”的畸形现象。

推进婚俗改革应打好组合拳

近年来，我们不时能听到这样的新闻：天价“彩礼”让夫妻刚结婚就闹起了矛盾，庸俗“闹婚”闹过头让人受累甚至受伤……不文明婚俗给新人带来苦恼，也造成了不良的社会影响。2018年12月，针对婚俗问题，民政部发文提出要求，全面推进婚俗改革，倡导简约、适当的婚俗礼仪。

结婚乃人生大事，要求隆重的仪式感当然可以理解，但是在有些地方，婚礼成了攀比的场所，不但让新人苦不堪言，对那些前来贺喜的人也造成了负担。这是一个亟待打破的怪圈，每个人都觉得“过头了”，但是由于婚礼本身的社交属性，很少有人敢“破旧立新”。如果借助外力能够移风易俗，人们都会因此而感到解脱。

婚俗活动是文化的一部分，考察不同历史时期中国人结婚的典仪，可一窥时代之精神。虽然依据怎样的婚俗、举办何种婚俗活动，属于个人自由，不应当过度限制，但婚俗活动是否健康、文明，关系到家庭、社群与社会和谐。有关部门引导婚俗走向文明，抵制不正之风，仍是职责所在。然而，革除婚俗陋习，非一朝一夕便可解决，不仅需要持久发力，更须打好组合拳。

一则应形成强大的舆论引导，通过各类媒介的广泛宣传，使公众认识到推进婚俗改革的必要性与紧迫性，自觉文明节俭办婚礼。

二则应充分发挥好基层组织的作用。利用农村基层组织，把办婚礼这个流程、数额等等，通过村民公约的形式来固定下来，通过农村的红白理事会来给予规范。因此，于农村而言，一方面应建立健全农村红白理事会，在人员选用上应注重群众基础好、权威高、素养高的人员；另一方面应确保其积极作用彰显出来。

三则应充分发挥好党员干部带头作用。在农村党员干部红白事办理方式，具有一定的示范效应。党纪严于国法，党员干部及其子女办婚礼，办多少桌喜宴、能收多少礼金等等，各地现在都出台了明确的规定。有关部门应当切实严起来，把党内规矩执行到位，让党员干部及其子女的婚事既简约又喜庆，为全社会文明办婚礼带个好头。对“婚闹”等不良婚俗引发的违法行为，有关部门须依法进行查处，以法治之绳捆住“婚闹”的手脚。

民政部全面推进婚俗改革，倡导简约适当的婚俗礼仪，是从行业规范角度对文明风俗变革的再次重申，也是从精神文明建设角度，对移风易俗行动的再次推进。但是，婚俗改革，须把握好尺度。近年来，有些地方民政部门存在“越位”行为，比如限制普通群众办婚礼的酒席规模、规定“随礼”的上限。如此推进移风易俗，初衷虽好，但缺乏法律依据，容易让群众产生抵触心理，反倒不利于成风化人、移风易俗。

对婚姻登记失信有惩罚才能遏制

2018年4月，国家发改委等31个部门联合签署了《关于对婚姻登记严重失信当事人开展联合惩戒的合作备忘录》，联合惩戒对象为婚姻登记严重失信当事人。婚姻登记严重失信当事人将面临14项联合惩戒措施。

备忘录规定，联合惩戒措施共有14条，包括限制招录（聘）为国家公职人员、限制登记为事业单位法定代表人等，涉及个人招聘录用、从业资格、职务晋升、评先评优、企业审批认证、融资授信、补贴性资金支持等多个领域。

实施婚姻登记失信惩戒很有必要。此前，已有多省份建立婚姻登记失信“黑名单”。如今，多部门联合惩戒婚姻登记严重失信当事人，有利于推动社会良好风气形成，促进我国公民信用制度体系更加完备。

近年来婚姻登记已成失信重灾区。在一些地区房地产限购、单身贷款额度受限的制约下，一些人为了买房假离婚，为了贷款假结婚，视婚姻为儿戏，打政策擦边球，亵渎了婚姻的圣洁，钻法律的空子，带来了巨大的社会负面影响。除了情理和道德上的不容，婚姻登记失信亦不利于社会信用的建立和良好社会秩序的形成。

不管在什么地方，身处何种年代，婚姻都是家庭这个社会基本细胞的承载方式。面对社会的飞速发展和时代的深刻变迁，牢固而真诚的婚姻关系是社会发展的稳定支撑。对婚姻登记中的失信行为，如果没有惩罚措施，违法成本过低，就会有更多人效仿。因此，此次多部门联合出重拳，对遏制婚姻登记中的失信现象具有重要意义。

婚姻登记严重失信行为的产生，也反映出现有相关政策或制度仍存漏洞。比如，有的地方出台的限购政策规定，已有住房家庭不能购置第二套房或第三套房，但夫妻双方离婚后购房就不受限购政策影响；有的地方限制外地人购房，但只要找个当地人结婚，同样可以突破限购政策。这就导致钻政策空子的情况时有发生，用假离婚、假结婚来达到购买二套房、三套房的目的。

在对婚姻登记严重失信行为予以联合惩戒、提高其失信成本的同时，还需堵上政策漏洞。相关部门在制定政策时，还应该充分考虑各种可能性，织密政策体系网络。同时，密切跟踪政策实施过程中发现的问题，不断完善政策框架。

抗癌药零关税顺应民生期盼

2018年4月15日，第二十四届全国肿瘤防治宣传周启动，全国上百万肿瘤患者收到一份大礼包。日前，国务院常务会议决定对进口抗癌药实施零关税。这一举措，将打开进口抗癌药进一步降价的空间，为患者带来实实在在的优惠。

进口抗癌药物多是“天价”，一般家庭难以承受。从印度代购仿制药成为被告、兄弟自制抗癌药救母等新闻事件，屡屡成为民生领域的热点话题。发表在《柳叶刀》上的一项调查显示，2012～2014年间，中国癌症患者的人均就诊支出共计9739美元，77.6%的受访者认为，癌症给患者和家庭带来沉重负担。

降低抗癌药品关税，最终降至零关税，确实击中了民生的痛点，让抗癌药品价格逐步平民化，亦是最基本的人道主义关怀。更为重要的是，降低抗癌药品关税，具有强烈的导向意义，会带来药品审批、生产和销售等方面的一系列改革，直至还利于民、让患者受益。

随着进口药品零关税的实施，更多的进口抗癌药在经过医保相关部门综合评估后，有望纳入医保，进一步减轻患者的负担。

当然，进口抗癌药仅降到零关税还不够，必须采取综合措施，从多环节、多渠道层层压减进口抗癌药品价格。

目前中国不少医药企业在抗癌药的某些领域已与国际水平接近并行，无论是疗法还是药品都具备一定的竞争优势。降低进口药品税率，对这些药企并不会造成太大的冲击，只会有良性影响。而且，值得注意的是，中国的人口基数大，药品市场的规模也很大，目前已是世界第二大医药消费市场。这意味着，抗癌药价格也具备充分的挤压空间。

因此，在零关税之后，要有配套措施保障进口抗癌药的价格进一步降低，多措并举消除流通环节各种不合理加价，让群众切实感受到急需抗癌药的价格有明显降低。此外，还要加快创新药进口上市，加强知识产权保护。

进口抗癌药降价问题关乎每个中国公民的医疗权益保障。零关税只是一个开始，如何令价格真正降下来，减少因病致贫的状况，让中国的癌症治疗进入高质量时代，都是亟待解决的问题。

降低抗癌药价还需加把劲

为了让更多患者顺利用上抗癌药物，国家相关部门正不断出台新措施、新政策加快推进进口药及抗癌药降价工作。与此同时，多个省份药品采集平台也陆续调整了抗癌药价格，患者的经济负担正在逐步减轻。但媒体记者调查发现，部分进口抗癌药实际价格下调幅度尚未达到公众预期。

事实上，为降低我国患者用药成本，近年来国家出台了多个政策促进进口抗癌药降价，包括对已纳入医保的抗癌药实施政府集中议价、采购，对未纳入医保的抗癌药实行医保准入谈判等。经过2016年和2017年两轮国家医保谈判，赫赛汀、美罗华等15个临床常用、疗效确切但价格较为昂贵的癌症治疗药品被纳入医保目录，一些药品价格甚至被“腰斩”。比如，治疗乳腺癌的赫赛汀由一支2.3万元降到7600元，再次降价后仅有7270.16元。

此外，为了让广大人民群众尽早得到真正的实惠，目前国家医疗保障局已将12家企业，覆盖非小细胞肺癌、结直肠癌、肾细胞癌、黑色素瘤、慢性粒细胞白血病、淋巴癌、多发性骨髓瘤等多个癌种的18个品种纳入了新一轮抗癌药医保准入专项谈判范围，包括阿昔替尼片、甲磺酸奥希替尼片、尼洛替尼胶囊等。

尽管与之前相比，不少进口药及抗癌药价格有所下降，但许多患者仍然反映药价变化不大。比如，陕西省公布调整价格的8个国家谈判抗癌药品中，除盐酸厄洛替尼片、来那度胺胶囊以及醋酸阿比特龙片3个药品降幅超过6%外，其余5个产品的降幅均在3%至5%之间，8个产品平均降幅为4.69%。

大部分抗癌药品实际价格下调幅度并没达到公众预期。主要原因在于，按原有关税税则，进口抗癌药品中的单克隆抗体和其他生物制品原关税即是0%，不受零关税影响。小分子化学药品原关税为2%，降为零后对价格仅有小幅度影响。

站在普通民众角度，抗癌药进一步降价承载着他们生的希望，面对生命的期待和热望，解决百姓用药的可及性和可负担性，还需要更加给力。

提高我国抗癌药品的研发能力，是降低抗癌药品费用、减轻对进口抗癌药品依赖的根本之策。要鼓励研发创新，加大国家科技计划对抗癌药研发的支持力度，优先支持临床急需抗癌药研发，鼓励新靶点、新机制抗癌药研究和原始创新。针对抗癌药研发成本高，相关部门应该成立相应的奖励、激励基金，鼓励高科技医疗公司参与具有自主知识产权的抗癌药研究。

要降低抗癌药价，需要进一步加快癌症防治药品审批上市，提高审评能力，科学简化审批手续，加快癌症防治药品上市。同时，要降低药品流通成本，严厉打击商业贿赂、价格垄断等违法违规行为。

救命药涨价不能无节制攀升

对冠心病、心绞痛等患者而言，价格低、见效快的硝酸甘油是关键时刻的急救药。据媒体记者2019年6月调查发现，从过去的100片16元，到如今15片25.7元，硝酸甘油每片涨价近11倍。对此，北京一家药业公司负责人解释称，过去定价过低。如今涨价，一方面是换了新包装，过去的生产线用不了了，改成了手工包装，所以生产效率也受到影响。

硝酸甘油被称为“救命药”。生产厂家以“换包装”的名义随意涨价，而且一涨就是将近11倍，大幅加重了相关患者的负担。这种“挣快钱”的手法，用在药品领域，尤其还是救命的常用药，未免有些趁火打劫。

由于硝酸甘油比较特殊，为了保存需要，药企改变瓶装规格，算是事出有因。换包装换生产线，增加成本是必然的，售价上有所变动，也可以理解。不是要求药品不能涨价，但恶性疯涨不是所谓增加成本能解释的。2012年1月执行的《药品差比价规则》中明令禁止药品借改名称或换包装涨价，但药企常常投机取巧以新药来申报或定价，让规则在执行中大打折扣。

硝酸甘油这种药品，对冠心病患者来说，是性命攸关的刚需，买不买得起、买不买得到，是生命权益上的问题。从这个意义上说，低价药、常用药，价格适度上涨可以理解，但不能无节制攀升。

凡事过犹不及。如果某种药品价格过低，难免影响药企的生产积极性；倘若药价涨得太猛，又可能伤及患者权益。在搞清各种合理与不合理的成本、是否存在蓄意垄断和炒作等基础之上，给出对策、做出决断，才禁得住社会各方面的推敲，有利于行业健康可持续发展，确保市场公平有序，破解

“一抓就死，一放就乱”的怪圈。

“换包装涨价11倍”的两位数涨幅，简直让人难以置信，也让药品消费者实难接受。虽然药价放开后，药价市场说了算，但放开不等于不管。我国药品定价的形式分为政府定价、政府指导价和市场调节价三种，而药店经销药品的定价，就属于市场调节价，当关系百姓切身利益的药品价格上涨过快时，政府可以实行紧急干预措施以控制药价。

就目前而言，“放管并举”才是引领企业发展和维护消费者权益的双赢管理模式。一是拓宽原料药供应渠道，打击原料药垄断涨价行为；二是政府需要拿出一些政策来，对这些廉价药加以保护和鼓励；而在药品的生产流通环节，还要发挥政府调控的作用，给廉价药短缺，开出合理的“药方”即便涨价，公共财政恐怕也应稀释或分担一部分，而不应让消费者和药厂厮杀博弈。三是落实终端价格监管，不挣钱固然不合理、狮子大开口也要遏止。

补助“深夜食堂”让城市更温情

北京市商务委2018年4月11日发布《关于申报2018年度第一批商务发展项目的通知》。2018年资金主要支持18个方向，重点支持促进生活性服务业品质提升、推动商业便民利民发展的项目，以及符合首都城市战略定位的促消费、稳增长等公共服务平台建设和典型示范类项目。其中明确提到，“深夜食堂”最高可获10万元补助。

北京把“深夜食堂”建设纳入了公共服务的领域，当然不是自己建设自己经营，而是通过财政补助发挥引导作用。据了解，北京将支持“深夜食堂”特色餐饮发展，包括支持建设“深夜食堂”特色餐饮街区和特色商圈。每个“深夜食堂”特色餐饮街区最高可获500万元补助，每个“深夜食堂”特色商圈最高可获300万元补助，而每个“深夜食堂”特色餐厅最高可获10万元补助。未来可期，夜色可餐。

对于北京这样的国际化大都市而言，分工越来越细密，不同时段上班或加班的人越来越多，夜间下班于很多人而言，庶几成为常态。“深夜食堂”的存在，为他们提供了一个暖胃又暖心的场所。

一提到“深夜食堂”，很多人可能想到了日剧《深夜食堂》里的那个小餐馆。虽然食材不多，菜谱有限，但只要顾客的需求老板能办得到，他就一定能为夜归人端上一碗可口的饭菜。有美食，又治愈，这个小餐馆成了很多人的向往之地。政府补贴“深夜食堂”，不只是为深夜饮食提供了更多选择，其更重要意义是赋予了一座城市更多人情味儿——有一个为自己亮着灯的“深夜食堂”，进去吃口热饭，那是一座城市对一个人最好的慰藉。

最近两年，一场“抢才大战”正在全国范围内上演。现在，包括北京上海等一线城市在内，很多城市都推出了富有竞争力的抢才政策，这些政策有务虚的，也有务实的，有不少都是以真金白银支撑的。

真正的人才，在乎的绝不只是钱多钱少。高层次的人才竞争，终究是人才发展环境、创新创业创优生态的竞争，这就提出了围绕人才创业、创新、就业、创优、生活和家庭需求，全要素创造条件和环境的要求。对于那些刚刚来到城市的人才来说，不排除也有“深夜食堂”的需求，而支持“深夜食堂”发展，打造有特色的“深夜食堂”，其实正是抵达他们的心灵，满足他们全方面的需要。

补助“深夜食堂”是给城市做加法，直接提升城市宜居宜业宜游水平。但愿在我们所居住的城市里，能出现更多饶富温情的“深夜食堂”。

治理高空坠物不妨以重典治乱

2019年7月17日，济南警方发布警情通报：小区“天降利刃”的罪魁祸首已经找到，34岁的葛某因感情纠纷，竟在楼上连扔三把刀发泄。

此前7月12日上午10时37分，济南市公安局槐荫分局匡山派出所接到报警称，7月11日中午12时许，有人在楼上扔下一把菜刀，两把尖刀。让人揪心的是菜刀掉落的同时，正有一位老人带着孙子刚进单元门。

现代都市高楼大厦无处不在，高空坠物可以说是一种常见现象。高空坠物，无外乎“故意为之”和“意外掉落”两种情形。但无论楼上的“肇事者”主观上是否存在故意，生命却无法分辨情形，也避免不了悲剧性的后果。

根据测算，一枚重30克的鸡蛋从4楼抛下，会把人头顶砸出个肿包；从18楼抛下，能砸破人的头骨；而从30楼抛下，冲击力足以致人死亡。

高空坠物的危险，是不言而喻的。高空坠物治理之难，原因多种多样，比如高层住户文明素质不高、防范意识不强、高层建筑的设计存在安全隐患等。因此，有必要从根本上抓住问题的牛鼻子，以“重典治乱”。

要治理高空坠物，需织密法律保护网。如前所述，高空坠物分为故意为之和无意为之，也涉及民事和刑事两方面的情形。从民事的角度来看，根据我国《侵权责任法》规定，“高空抛物致人损害的，无论抛物人是故意或过失，都要承担民事侵权责任。”近年来有法律工作者提议，无论情节严重与否，将“高空抛物”一概列入刑事犯罪的范畴，事实上就是要通过立法手段震慑高空抛物行为，提示高楼居民住户肩头的法律责任。在这一点上，确有进一步研讨的必要。因为从危害程度上来讲，高空抛物的严重后果不亚于“以危险方法危害公共安全罪”“过失致人伤害罪”“过失致人死亡罪”甚至“故意伤害罪”。

要治理高空抛物，不能等到身残或致死等严重后果发生后，再出重拳加以追究。纠正陋习，就要抓小抓早。哪怕是一张纸、一个烟头，抓住了也不能简单批评教育了事，要让肇事者感到法律的威严，也让更多“后来者”望而却步。在这方面，许多地区都有成功的做法可借鉴。例如，中国香港对于高空坠物采取零容忍的态度，对肇事者可处罚款1万元港币及监禁六个月。此外，香港房屋署还成立了侦查高空抛物行为的特别任务队，通过摄像机、望远镜、夜视望远镜等不分昼夜地搜集证据，打击高空抛物行为，取得了良好的效果。

除了法律手段之外，技术手段也不可或缺。某些情况下，高空坠物并非居民故意而为，有时只是意外，但同样是城市上空的隐忧。有鉴于此，一些国家出台规定，高层建筑物的窗户只能向内开。在国外一些城市，有的地方临街的窗缝连胳膊都伸不出去，极大地减少了高空抛物的可能；有的地方则规定，建筑物的一层到二层之间，要加装防护网，避免物品无意中坠落，伤及路人。这些手段都值得我们研究并加以借鉴。

后 记

学习好才能服务好

学者非必为仕，而仕者必为学。

日前，习近平总书记在第五批全国干部学习培训教材序言中指出，善于学习，就是善于进步。这一重要论述，再次强调了领导干部学习对于事业进步的重大意义。党的历史经验和现实发展都告诉我们，没有全党大学习，没有干部大培训，就没有事业大发展。

重视学习、善于学习，是流淌在我们血液里的民族文化基因。是中国共产党人战胜艰难的法宝。中国共产党依靠学习创造了历史，也要依靠学习走向未来。

中国共产党历代领导人，都深刻认识到重视学习善于学习的重要性。无论是从延安整风时“改造我们的学习”，到执政之初“必须学会不懂的东西”，还是从改革开放后“认真建立学习制度”，到21世纪的“在全党大兴学习之风”，以及新时代要“依靠学习走向未来”。在中国每一个重大转折时期，面对新形势新任务，我们党每次的学习热潮，都能推动党和人民事业实现大发展大进步。

正因如此，领导干部学习不学习不仅仅是自己的事情，本领大小也不仅仅是自己的事情。面对当今世界百年未有之大变局，世情、国情、党情总是在不断地发展变化，新情况新问题每时每刻都在出现，各种困难、风险、挑战层出不穷。领导干部只有加强学习，才能增强工作的科学性、预见性、主动性，才能使领导和决策体现时代性、把握规律性、富于创造性，避免陷入少知而迷、不知而盲、无知而乱的困境，才能克服本领不足、本领恐慌、本领落后的问题。

事业发展没有止境，学习就没有止境。领导干部学习要出成效，关键要明晰三个重要问题。首先，向谁学？党员干部抓学习，要弄清楚“向谁学”，这是必须要明确的核心问题。

一是向书本学。书籍是人类智慧的结晶，是我们了解过去、理解现在、洞察未来的阶梯。读书能让人保持思想活力、得到智慧启发、滋养浩然正气。二是向实践学。实践出真知，实践育人才。要坚持知行合一，注重在实践中学真知、悟真谛，加强磨练、增长本领。三是向人民群众学。人民，只有人民，才是创造历史的动力。人民群众中蕴藏着无穷的智慧和力量。要善于向群众学习，有尊重群众、甘当学生的情怀。四是向专家学者学。当今社会知识日益专业化，专家学者是各自领域的行家里手。领导干部负责某领域工作，必须具备相关领域知识，说内行话、做内行事。这就要求领导干部须主动与专家学者打交道、交朋友，多听取他们的意见和建议。

其次，学什么？“吾生也有涯，而知也无涯”。有的人见书就读，出发点值得肯定，但知识无限，人的精力却有限，领导干部加强学习，应当找准重点，才能做到有的放矢、事半功倍。

一是学党章——全体党员的基本功、第一课。全党学习贯彻党章的水平，决定着党员队伍党性修养的水平，决定着各级党组织凝聚力和战斗力的水平，决定着全面从严治党的水平。不论是领导干部还是普通党员，要做合格党员，学习贯彻党章都是第一位的要求。二是学马克思主义理论——做好一切工作的看家本领。我们要在迅速变化的时代中赢得主动，要在新的伟大斗争中赢得胜利，就要在坚持马克思主义基本原理的基础上，以更宽广的视野、更长远的眼光来思考和把握国家未来发展面临的一系列重大战略问题，在理论上不断拓展新视野、作出新概括。三是学工作必需的各种专业知识——做行家里手的敲门砖。党员干部要加强各种业务知识的学习，学深学透才能熟练掌握业务技能，才能更好地为民服务，才能应对不同的复杂局面，驾驭不同的变化。尤其是刚提拔或者走上了专业性比较强的领导职务，必须要有针对性地加强学习，掌握履行岗位职责的必备知识，使自己真正成为行家里手、内行领导。四是学党史国史——最好的教科书。历史是最好的教科书。学习党史、国史，是坚持和发展中国特色社会主义、把党和国家各项事业继续推向前进的必修课。五是学优秀传统文化——中华民族独特的精神标识。中国传统文化博大精深，学习和掌握其中的各种思想精华，对树立正确的世界观、人生观、价值观很有益处。比如“先天下之忧而忧，后天下之乐而乐”蕴含的政治抱负，“位卑未敢忘忧国”“苟利国家生死以，岂因祸福避趋之”书写的爱国情怀等，都生动体现了中华优秀传统文化和民族精神，都为我们端正价值取向、确立人生目标提供了有益参照和内在动力。

再次，怎么学？学习方法在很大程度上决定学习效果。党员干部学习，要理论与实际密切联系，必须全面、系统地掌握科学学习方法。

学习和思考、学习和实践是相辅相成的。广博地学习，做到“海纳百川，有容乃大”，这是吸收知识的过程；不懈地追问和探究知识的疑难、未知领域，这是答疑解惑的过程；遇事要谨慎思考，权衡利弊，慎重抉择，这是遴选消化的过程；清楚地辨别是非、善恶、美丑等，这是择定结果的过程；强调切实地身体力行，知行合一，理论要与实际联系，是一个把所思所得“外化于行”的过程。

学习、学习、再学习，实践、实践、再实践，这是积少成多、积沙成塔、积跬步以至千里的唯一途径。只有全党本领不断增强了，“两个一百年”的奋斗目标才会实现，中华民族伟大复兴的中国梦才会梦想成真。这也是我们倡导终身学习的意义所在。

李 松

2019年7月19日